GENEALOGIA DO DIREITO MODERNO

GENEALOGIA DO DIREITO MODERNO
O estado de necessidade

Nicolas Israël
Com a colaboração de Laurent Gryn

Tradução
MARIA ERMANTINA DE ALMEIDA PRADO GALVÃO

Revisão da tradução
CLAUDIA BERLINER

SÃO PAULO 2009

Esta obra foi publicada originalmente em francês com o título
GENEALOGIE DU DROIT MODERNE – L'état de necessité
Copyright © 2006 Éditions Payot & Rivages
Copyright © 2009, Livraria Martins Fontes Editora Ltda.,
São Paulo, para a presente edição.

1ª edição 2009

Tradução
MARIA ERMANTINA DE ALMEIDA PRADO GALVÃO

Revisão da tradução
Claudia Berliner
Acompanhamento editorial
Luzia Aparecida dos Santos
Revisões gráficas
Ana Paula Luccisano
Ana Maria Alvares
Produção gráfica
Geraldo Alves
Paginação/Fotolitos
Studio 3 Desenvolvimento Editorial

Dados Internacionais de Catalogação na Publicação (CIP)
(Câmara Brasileira do Livro, SP, Brasil)

Israël, Nicolas
  Genealogia do direito moderno : o estado de necessidade /
Nicolas Israël com a colaboração de Laurent Gryn ; tradução
Maria Ermantina de Almeida Prado Galvão ; revisão da tradução Claudia Berliner. – São Paulo : Editora WMF Martins
Fontes, 2009. – (Biblioteca jurídica WMF)

  Título original: Généalogie du droit moderne : l'etat de nécessité.
  ISBN 978-85-7827-133-6

  1. Direito – Filosofia – História 2. Justiça social 3. Necessidade (Direito) I. Gryn, Laurent. II. Berliner, Claudia. III. Título.

09-03807   CDU-340.12

Índices para catálogo sistemático:
1. Genealogia do direito   340.12

Todos os direitos desta edição reservados à
Livraria Martins Fontes Editora Ltda.
Rua Conselheiro Ramalho, 330 01325-000 São Paulo SP Brasil
Tel. (11) 3241.3677 Fax (11) 3101.1042
e-mail: info@wmfmartinsfontes.com.br   http://www.wmfmartinsfontes.com.br

ÍNDICE

INTRODUÇÃO. O estado de necessidade VII

CAPÍTULO I. A justiça legal: Aristóteles e Tomás de
    Aquino 1
As diferentes concepções do mérito segundo o direito político 1
O bem comum 5
A origem da lei natural 9
Os preceitos da lei natural 15
A transcendência de uma ordem de valores 20

CAPÍTULO II. A distinção entre o direito e a moral   27
A regra jurídica 27
O direito natural 31
Justiça distributiva, justiça comutativa 34
A resistência do juiz 41
O direito de propriedade 46

CAPÍTULO III. O advento do direito subjetivo: Guilherme de Ockham 53
A discussão sobre a pobreza 53
A moral nominalista 58
A dedução do direito subjetivo 65

CAPÍTULO IV. Suarez: a fundação do direito natural subjetivo 71

O estado de "pura natureza" 71
A lei natural: um comando da razão 73
A faculdade moral 78
Direito subjetivo e justiça legal 80

CAPÍTULO V. **Grócio: uma nova concepção da justiça comutativa** 89
"O direito propriamente dito" 89
A origem dos direitos subjetivos 96
Transferência de direito e lei civil 103
A emergência do direito de resistência 108

CAPÍTULO VI. **Os direitos do homem: Hobbes e Locke** 115
A equidade 115
O direito natural à segurança 121
O direito natural de propriedade 128
Poder soberano e direitos subjetivos 144
A doutrina hobbesiana da lei natural 154
O direito de resistência 160

CONCLUSÃO. **O direito do estado de necessidade** .. 169
Rawls 169
A justiça particular 179

GLOSSÁRIO 189

INTRODUÇÃO
O estado de necessidade

> "Quando os homens são amigos
> já não há necessidade de justiça."
>
> Aristóteles

O estudo da genealogia do direito moderno apresenta um interesse capital para quem considera que a exigência de justiça social não pode atentar contra as liberdades individuais. Essa empreitada genealógica nos convida a voltar às fontes do conceito de direito, tal como foi elaborado por Aristóteles e depois por Tomás de Aquino. Segundo sua acepção original, o direito designa uma relação vinculada pela igualdade. Nessa perspectiva, a invocação da tradição do direito natural permite estabelecer a existência de relações de igualdade imanentes às relações sociais. Ora, se tentamos escrutar as diferentes formas revestidas por essas relações de igualdade, fica evidente que elas são independentes do bem ou do interesse comuns visados por determinada sociedade política. A igualdade jurídica, longe de conferir apenas uma liberdade formal ou de contribuir para um nivelamento dos modos de vida, constituiria a base da emancipação do indivíduo com relação à coerção legal.

Essa concepção restrita do direito natural, dissociada de qualquer referência à lei natural, à transcendência de uma ordem de valores que domina a organização social, autoriza-nos, então, a levantar uma série de questões cruciais. Uma decisão política ciosa do bem comum, destinada a favorecer a atualização dos fins da natureza humana, poderá ser injusta, atentar contra os direitos do indivíduo? O modelo da natureza humana, no princípio do mérito que se concede a cada um, poderia constituir um entrave à liberdade individual. Assim também, a justiça legal, encarregada de preservar o interesse comum, poderá ameaçar a integridade das relações jurídicas?

A estimativa da justa remuneração de um empregado não pode, por exemplo, ser subordinada a considerações morais, que incidem sobre o bem comum, sobre um modelo da natureza humana privilegiada[1]. Mesmo assim, isso não implica que se deva abandonar a avaliação do salário apenas à lógica mercantil da oferta e da procura. Sejam quais forem as cláusulas do contrato de trabalho fixadas pelo consentimento das partes, a relação salarial é portadora de uma justiça imanente, de uma igualdade a ser conquistada entre as riquezas produzidas e a parte revertida sob forma de salário.

Não obstante, essa justiça inerente aos acordos contratuais que enquadram as trocas econômicas não deve ser entregue a si mesma, sob pena de libertar a teoria jurídica de toda premissa política. É inconcebível que o mercado possa estimar, de acordo apenas com os princípios que lhe são próprios, o mérito de um indivíduo, o que lhe é devido pela coletividade. Portanto, parece indispensável ligar essa justiça dita "comutativa", inerente às trocas, a uma justiça distributiva primordial. Como operar a partilha dos bens públicos no seio de determinada sociedade política? Caberá a uma instância política decidir que um bem é público, que é devido pela coletividade a cada indivíduo?

---

1. J. Rancière, *La Mésentente*, Paris, Galilée, 1995, p. 81.

De fato, parece arriscado garantir aos indivíduos direitos subjetivos, independentemente das relações sociais em cujo seio eles se inserem. Uma vez que o direito do indivíduo cessa de derivar de uma justa distribuição, de uma relação de igualdade, a tradição dos direitos humanos apresenta o risco de promover uma concepção lacunar da justiça. Será concebível reduzir a igualdade jurídica unicamente à posse recíproca de direitos subjetivos? Dever-se-á então considerar que só existem entre os indivíduos as formas de relações que eles puderam criar por seu consentimento, que basta, para discernir os princípios da justiça, colocar-se no lugar do outro? Mesmo que a obra de Rawls pareça retomar a antiga questão referente à igual distribuição das honras e das riquezas, a descoberta dos princípios da justiça supõe, contudo, a suspensão das relações sociais, irremediavelmente afetadas por posições sociais preponderantes ou pela repartição aleatória das forças naturais.

A obrigação jurídica, o vínculo imposto por uma relação de igualdade, não surge de maneira privilegiada no seio de uma "posição original" que suspenda o impacto dos estatutos sociais, mas supõe a irrupção de um estado de necessidade. Esse estado se manifesta assim que os direitos dos indivíduos são ameaçados por leis positivas que protegem de maneira draconiana o bem ou o interesse comuns, ou então quando a justiça comutativa que atua nas trocas econômicas já não é subordinada à justa distribuição dos bens públicos. Essas situações conflituosas provocam o advento de um estado de necessidade que traduz a pregnância das relações de igualdade imanentes às relações sociais. O direito natural retira sua autoridade do estado de necessidade.

O estado de necessidade não favorece, portanto, a ressurgência de uma moral original inspirada pelas virtudes de caridade e de solidariedade, mas assegura a restauração de uma concepção obliterada do direito natural. Não se trata de afirmar que uma situação excepcional suspende as regras vigentes e favorece o renascimento de relações humanas marcadas por uma solidariedade exemplar. Esse estado de necessidade que, como veremos, não é um estado de exceção, não abole a ordem do direito; permite reformular, ao contrário, a perspectiva de um direito de resistência num regime legítimo, garante do bem ou do interesse comuns.

O estudo genealógico do direito moderno supõe, assim, retraçar o movimento de ocultamento da questão do direito natural e do estado de necessidade que o revela. Essa relação de igualdade imanente às relações sociais foi de início excluída por uma série de injunções morais, sob o impulso da tradição da lei natural. A controvérsia provocada pela obra de Rawls, referente à prioridade do justo com relação ao bem, é assim reconduzida a uma interrogação elementar: até que ponto a moral chega a irrigar o direito? Será concebível fundamentar os nossos direitos numa concepção particular do bem?[2] A moral visa retificar as disposições que afetam os indivíduos e convida, no âmbito da justiça legal, a ordenar-se pelos outros respeitando o bem comum, ao passo que, na ordem do direito, a relação entre as pessoas é simplesmente subordinada a uma repartição igual dos bens exteriores. A radicalidade da relação jurídica se vê, pois, suspensa, uma vez que a justiça da lei positiva depende de sua conformidade à lei natural, a uma ordem de valores inserida nos corações. A análise que Tomás de Aquino consagra ao direito parece, assim, dividida entre duas

---

2. M. Sandel, *Le Libéralisme et les limites de la justice*, trad. fr. J.-F. Spitz, Le Seuil, 1999, pp. 268-9.

inspirações antagônicas, a reflexão jurídica de Aristóteles e a teologia da lei natural. A tradição nominalista, reavivada pela obra de Guilherme de Ockham, vai, pois, empenhar-se em superar essa confusão entre a moral e o direito, mas à custa de um verdadeiro desnaturamento da relação jurídica. Se parece inconcebível deduzir o direito de um comando que emana de nossa natureza moral, poderemos inferi-lo de maneira unilateral, a partir dos poderes naturais de que o sujeito dispõe? O direito deixaria de ser uma relação empenhada pela igualdade, mas um poder ou uma liberdade inerentes ao sujeito. Nessa nova perspectiva, a ordem política já não é justa na medida em que se conforma à lei natural, mas porque garante a cada indivíduo a proteção de seus direitos subjetivos.

A exigência de equidade consegue então suplantar a preeminência da justiça social, já que agora se trata de defender o direito dos outros como se fosse o seu, e não mais de indagar-se sobre a distribuição primordial a cujo termo o direito de cada um foi outorgado. A obra de Grócio parece, desse ponto de vista, exemplar, sendo a justiça distributiva excluída da esfera jurídica a fim de deixar "o direito do primeiro ocupante" confirmar a repartição desigual dos bens exteriores. Apenas o indivíduo já detentor de direitos tem condições de resistir e não aquele que reivindica a conquista de novas relações de igualdade.

No prolongamento da ruptura operada por Grócio com a questão da justiça distributiva, Hobbes acabará assentando o direito de resistência num direito subjetivo inalienável à segurança. O receio da morte violenta se apresenta, então, como a fonte de uma resistência amoral. Essa igualdade perante o risco da morte violenta se impõe, assim, como o fundamento intangível da tradição dos direitos humanos.

Não obstante, para conjurar as consequências anárquicas desse direito natural à segurança, Locke tentará restaurar a base moral do direito subjetivo, justificando o direito de resistência apenas com a lei natural. Um regime político é injusto não em razão da persistência das desigualdades sociais, mas porque deprava os cidadãos, atenta contra a lei natural de coexistência entre as criaturas racionais. Com Locke, a ocultação da igualdade imanente às relações sociais atinge seu ponto culminante, a repartição desigual das propriedades é reputada melhorar o nível de vida do "jornaleiro na Inglaterra".

Esse estudo genealógico nos permitirá, assim, identificar os limites da "teoria da justiça como equidade" elaborada por Rawls. Ainda que este tente reformular a exigência da justiça social, ele parece prisioneiro dos âmbitos conceituais legados pelo direito natural moderno. A igualdade jurídica é concebida, de maneira prioritária, como a detenção recíproca de direitos subjetivos.

Portanto, é importante estabelecer que, para além do hipotético estado de natureza ou da aparente "posição original", somente o estado de necessidade consegue reativar a preexcelência do direito natural.

Capítulo I
A justiça legal:
Aristóteles e Tomás de Aquino

As diferentes concepções do mérito segundo o direito político

Segundo Aristóteles, uma ordem jurídica consegue instaurar-se somente no âmbito de uma comunidade política. O direito político pressupõe, a fim de entrar em vigor, "pessoas associadas, livres e iguais, com vistas a uma existência que seja autossuficiente"[1]. A liberdade e a igualdade dos cidadãos, constitutivas da comunidade política, estão, portanto, no fundamento do justo político, em contraste com a injustiça inerente à tirania[2].

Um cidadão é livre na medida em que "ele mesmo é seu próprio fim e não existe para um outro"[3]. Ora, essa liberdade, que implica não ser submetido à vontade de um senhor, descobre na igualdade política a garantia de sua integridade. Se é inconcebível, numa comunidade política, não ser governado por ninguém, é preferível sê-lo "[...] alternadamente. E isso vai no sentido da liberda-

---

1. *Éthique à Nicomaque*, V, 10, 1134 a (trad. fr. J. Ritter, "Le droit naturel chez Aristote", *Archives de philosophie*, 1969, p. 446).
2. *Ibid.*, 1134 b, p. 249.
3. *Métaphysique*, A, 2, 982 b, trad. fr. J. Tricot, Paris, Vrin, p. 18.

de fundamentada na igualdade"[4]. A igualdade política supõe, assim, uma relação entre governantes e governados baseada na reciprocidade[5].

A busca da igualdade na detenção do poder político mostra-se, pois, o princípio formal da constituição da Cidade. A justiça política só se impõe "para os que vivem naturalmente sob o domínio da lei [...] a quem pertence uma parte igual no direito de governar e de ser governado"[6].

Compete, assim, às diferentes "disposições constitucionais" próprias de cada Cidade reger a partilha do poder político entre os cidadãos. O direito político é, assim, suscetível de variar segundo a natureza das diferentes constituições[7].

---

4. *Les Politiques*, VI, 2, 1317 b, trad. fr. P. Pellegrin, Paris, GF, p. 418. "O poder político se aplica a homens livres e iguais" (*ibid.*, I, 7, 1255 b, p. 108; III, 6, 1279 a, pp. 227-8).

5. "Na maioria dos regimes políticos é-se alternadamente governante e governado (pois quer-se ser igual de natureza sem diferença alguma)" (*Les Politiques*, I, 12, 1259 b, pp. 127-8).

6. *Éthique à Nicomaque*, V, 10, 1134 b, trad. fr. J. Tricot, p. 250. "Daquele que tem a faculdade de participar no poder deliberativo ou judiciário, dizemos que é cidadão da cidade em questão" (*Les Politiques*, III, 1, 1275 b, p. 209); "[...] não se deve crer que seja escravidão viver segundo a constituição, é, ao contrário, a salvação" (*ibid.*, V, 9, 1310 a, p. 384).

7. O conceito de *politeía*, que se pode traduzir por "constituição", assume, em Aristóteles, um significado particular. "A constituição (πολιτεια) era primitivamente o direito do cidadão, alternadamente governante e governado, de participar da direção e da gestão da cidade, no nível da consulta, da jurisprudência e do exercício das funções públicas. Num segundo sentido, é a 'ordem' estabelecida que rege juridicamente essa participação" (J. Ritter, "Le droit naturel chez Aristote", art. cit., p. 433); "Uma constituição é uma organização que concerne às magistraturas nas cidades, de que maneira são partilhadas, a qual é soberana na constituição e qual é o fim de cada uma dessas comunidades" (*Les Politiques*, IV, 1, 1289 a, p. 208). Leo Straus prefere traduzir πολιτεια por "regime": "O regime significa simultaneamente a forma de vida de uma sociedade, seu estilo de vida, seu gosto moral, a forma dessa sociedade, a forma do Estado, a forma do governo, o espírito de suas leis" (*Qu'est-ce que la philosophie politique?*, trad. fr. O. Seyden, Paris, PUF, 1992, p. 38; cf. *Droit naturel et histoire*, Paris, Flammarion, 1986, pp. 128-9). "A constituição é uma espécie de vida para uma cidade" (*Les Politiques*, IV, 11, 1295 b, p. 312).

Qual deve ser então o princípio de partilha da autoridade política? Todos os cidadãos concordam com a ideia de uma partilha do poder, mas conforme aspirem ao governo monárquico, aristocrático ou democrático, eles se engalfinham a respeito dos indivíduos a quem se deve entregar a autoridade política[8]: "Pois, em geral, é visando a igualdade que se fica sedicioso."[9] Com efeito, "[...] se as pessoas estão de acordo sobre o fato de que o absolutamente justo é o justo segundo o mérito, as divergências surgem [...] do fato de que uns, embora sejam iguais sobre determinado ponto, pensam ser totalmente iguais, e os outros, se são desiguais em algum aspecto, creem-se dignos de ser desiguais em tudo"[10].

Se cada um recebe honras públicas segundo seu mérito[11], não se deve recear que a concepção do mérito, à qual toda a organização política é vinculada, dependa por sua vez de opiniões instáveis, porquanto "os democratas o fazem consistir numa condição livre, os partidários da oligarquia, ou na riqueza ou na nobreza da raça, e os defensores da aristocracia, na virtude"?[12] Cada indivíduo pode estimar o grau de igualdade que a Cidade deve alcançar, levando em conta, segundo a condição que lhe é própria, a liberdade, a virtude, a riqueza ou o nascimento dos cidadãos[13]. O justo político parece, portan-

---
8. *Les Politiques*, III, 9, 1280 a, pp. 233-4. "Se todo o mundo está de acordo que o justo é a igualdade proporcional, as pessoas estão enganadas sobre o que ela é" (V, 1, 1301 a, p. 341).
9. *Ibid.*, 1301 b, p. 344.
10. *Ibid*. Macpherson salienta judiciosamente que o projeto de um filósofo como Hobbes será, ao contrário, encontrar uma forma de igualdade (o receio da morte violenta é aqui compartilhado por todos) que anula as diferentes formas de desigualdades, ainda que sociais (*La Théorie politique de l'individualisme possessif*, Paris, Gallimard, 1971, pp. 99, 105 e 211).
11. *Éthique à Nicomaque*, V, 6, 1131 a, p. 227.
12. *Ibid.*, p. 228.
13. "Há três títulos para reivindicar a igualdade na constituição, a liberdade, a riqueza, a virtude (o quarto, com efeito, aquele a que chamam o nas-

to, afetado por certo número de variações, que traduzem as diferentes concepções do mérito. Cada constituição emprega uma determinada concepção do mérito que está na fonte da repartição do poder político[14]. Toda constituição dá, assim, origem a um conjunto de leis particulares[15] no princípio do que Aristóteles nomeia justiça legal. Vê-se, portanto, que, se a ordem jurídica encontra a condição de sua emergência numa comunidade política que repousa na associação entre cidadãos livres e iguais, ela não pode reduzir-se a isso. As leis que emanam de cada tipo de constituição vão prosseguir a edificação da ordem jurídica.

---

cimento ilustre, acompanha os dois últimos, pois o nascimento ilustre é uma riqueza e uma virtude antigas) [...]" (*Les Politiques*, IV, 8, 1294 a, p. 305). "Uma constituição é a organização das magistraturas, que todos partilham entre si seja em virtude do poder daqueles que dela tomam parte, seja em virtude de alguma igualdade comum entre eles; refiro-me, por exemplo, ao poder das pessoas modestas ou ao das pessoas abastadas, ou a alguma outra comum a esses dois grupos. Portanto, é necessário que haja tantas constituições quantas organizações de magistraturas há, em virtude das superioridades e das diferenças mútuas das partes da cidade" (*ibid.*, IV, 3, 1290 a, p. 285).

14. "A cidade é uma determinada comunidade formada pelas pessoas semelhantes, mas tendo em vista uma vida que seja a melhor possível. Mas, já que o melhor é a felicidade, a qual é uma realização e um uso perfeitos de uma virtude, e ocorre que alguns podem tomar parte nesta e outros pouco ou nada, é evidente que essa é a causa da existência de diferentes variedades de cidade e de várias constituições. Como os povos partem cada um à caça da felicidade de uma maneira diferente e com meios diferentes, eles criam os diversos modos de vida e as diversas constituições" (*Les Politiques*, VII, 8, 1328 a-b, p. 474). "Aquele que pretende realizar uma pesquisa apropriada sobre uma excelente constituição deve primeiro necessariamente definir qual é o modo de vida mais digno de ser escolhido" (*ibid.*, VII, 1, 1323 a, p. 449).

15. "Pois é segundo as constituições que é preciso estabelecer as leis, e todas são assim estabelecidas, e não as constituições segundo as leis" (*ibid.*, IV, 1, 1289 a, p. 280).

O bem comum

Como interpretar a noção de justiça legal? Como salienta Aristóteles, "é evidente que todas as ações prescritas pela lei são, num sentido, justas; de fato, as ações definidas pela lei positiva são legais, e cada uma delas é justa"[16]. Mas acrescenta que a lei só está no princípio da justiça na medida em que se empenha em promover o bem comum da Cidade: "Chamamos ações justas todas aquelas que tendem a produzir ou a conservar a felicidade com os elementos que a compõem para a comunidade política."[17] A lei positiva encontra, pois, a fonte de sua justiça em sua aptidão para assegurar o bem da comunidade, assim como em sua capacidade para conduzir os cidadãos ao bem que lhes é próprio, para lhes propor uma existência virtuosa[18].

Portanto, o legislador jamais deve perder de vista a distinção entre a virtude e o vício, e a lei deve parecer-lhe um instrumento destinado a tornar os "cidadãos bons e justos"[19]. Uma autêntica comunidade política emprega todos os recursos de que dispõe para garantir a cada cidadão as condições de uma existência virtuosa[20], que está

---

16. *Éthique à Nicomaque*, V, 3, 1129 b, p. 217-9.
17. *Ibid.*, p. 218.
18. *Ibid.*
19. *Les Politiques*, III, 9, 1280 a, p. 235; "a lei nos prescreve uma maneira de viver conforme às diversas virtudes particulares" (*Éthique à Nicomaque*, V, 5, 1130 b, p. 224). "Mas [os homens] se parecem e [...] perpetuam a comunidade política também com o único objetivo de viver. Talvez, de fato, haja uma parte de felicidade no simples fato de viver se é uma vida não cumulada demais de penas. Aliás, é evidente que a maioria dos homens suporta muitos sofrimentos de tanto que é apegada à vida, como se esta tivesse em si mesma uma alegria e uma doçura naturais" (*Les Politiques*, III, 6, 1278 b, p. 226).
20. "Os legisladores tornam bons os cidadãos fazendo-os contrair certos hábitos: é exatamente esse o almejo de todo legislador, e, se não o cumpre bem, sua obra falhou, e é nisso que uma boa constituição se distingue de uma má" (*Éthique à Nicomaque*, II, 1, 1103 b, p. 89). "Quando esse indivíduo, essa minoria ou essa maioria governam com o fito da vantagem comum, necessaria-

na origem da amizade política entre os homens, da concórdia[21]. A Cidade não pode, assim, confundir-se com uma "aliança militar" ou com uma associação voltada à acumulação dos bens. Ela não é "uma comunidade de lugar, estabelecida com vistas a evitar as injustiças mútuas e permitir as trocas"[22].

Não obstante, a relação essencial instaurada por Aristóteles entre a justiça das leis positivas e a busca do bem comum levanta uma dificuldade incontornável: "Pois, sem dúvida, não é a mesma coisa ser um homem de bem e ser um bom cidadão de algum Estado."[23]

A fim de aprofundar o significado dessa questão decisiva, convém definir a natureza do bem comum. O bem comum coincide com o conjunto das condições objetivas que outorgam aos cidadãos a possibilidade de realizar os fins inseridos em sua natureza e de levar uma vida virtuosa. Portanto, não é possível descobrir a menor discordância entre o bem do indivíduo e o bem comum, uma vez que este último tende a garantir, para cada cidadão, a capacidade de realizar os fins que lhe foram atribuídos por sua natureza[24].

Mas essa identificação parece submeter o conceito de virtude a certa tensão, já que oscila entre dois polos opostos. A virtude moral é relativa a cada indivíduo, supõe um meio-termo entre duas disposições excessi-

---

mente essas constituições são retas, mas quando é com o fito da vantagem própria desse indivíduo, desse pequeno ou desse grande número, são desvios" (*Les Politiques,* III, 7, 1279 a, p. 229).

21. *Éthique à Nicomaque,* IX, 6, 1167 a-b, pp. 449-50.
22. *Les Politiques,* III, 9, 1280 b, p. 236.
23. *Éthique à Nicomaque,* V, 5, 1130 b, p. 224; *Les Politiques,* VII, 2, 1324 a, p. 453.
24. "Pois são as mesmas coisas que são excelentes para um particular e para uma comunidade, e é isso que o legislador deve fazer entrar na alma dos homens" (*Les Politiques,* VII, 14, 1333 b, p. 499; *Éthique à Nicomaque,* I, 1, 1094 b, p. 35).

vas[25], ao passo que a virtude de justiça designa uma relação com os outros[26].

Aristóteles concebe a justiça geral como uma virtude completa, que abrange o conjunto das virtudes morais[27]. A coragem ou a temperança, que são virtudes morais, se tornam, de fato, componentes da justiça geral assim que são orientadas para os outros. Através dessa nova orientação, as virtudes morais visam o geral, o bem comum. A justiça geral é, portanto, uma virtude pela qual o cidadão cumpre o que deve à comunidade.

Em que sentido poderemos sustentar que essa justiça é geral? Tomás de Aquino interpreta o significado desse epíteto de maneira particularmente esclarecedora. A justiça não é geral no sentido de que ela procederia da adição do conjunto das virtudes particulares; pois uma entidade pode ser, igualmente, concebida como geral "do ponto de vista de sua potência, tal como uma causa universal em relação a todos os seus efeitos; por exemplo, o Sol que ilumina ou transforma todos os corpos por sua potência"[28]. A justiça legal deve ser apreendida como geral, pois "ela ordena os atos das outras virtudes para seu fim, o que equivale a movê-los por seu comando". "Qualquer virtude pode ser chamada de justiça legal pelo fato de ela ser ordenada ao bem comum", pela obra da virtude de justiça que é "geral por sua potência motora"[29]. As leis positivas, que constituem o polo objetivo da justiça geral, orientam cada uma das virtudes particulares para o bem comum.

---

25. *Éthique à Nicomaque*, II, 6, 1107 a, p. 106.
26. *Ibid.*, V, 3, 1129 b, p. 219. Cf. Tomás de Aquino, *Somme théologique*, ed. A. Raulin, trad. fr. A. M. Roguet, Paris, Le Cerf, 1984-1986, 4 vols., II-II, 57, 1.
27. "Essa forma de justiça, então, é uma virtude completa, não, porém, no sentido absoluto, mas em nossas relações com os outros" (*ibid.*).
28. *Somme théologique*, II-II, 58, 6, resp.
29. *Ibid.*

A distinção, estabelecida pelos pensadores modernos, entre as disposições legislativas que visam o bom funcionamento do Estado e as leis morais que favorecem o aperfeiçoamento individual é, portanto, pouco acentuada em Aristóteles. Se a lei civil prescreve a virtude, é simplesmente na medida em que esta concorre para o bem comum. Em consequência, a perfeição individual e moral do homem pode ser distinguida de sua perfeição política, mesmo que elas permaneçam indissociáveis.

Mas cumprirá então considerar que a vida política deve permitir o desenvolvimento de qualidades não políticas, o acesso a uma perfeição não social?[30] A virtude contemplativa, que manifesta a excelência de nossa natureza intelectiva, será parte integrante do bem comum?[31]

No entanto, se não há discordância entre o bem do indivíduo e o da comunidade, somos então forçados a reconhecer a relativa transcendência do bem comum em relação à perfeição dos diferentes regimes políticos. Se os homens não conseguem humanizar-se, realizar as virtualidades de sua natureza, senão no âmbito de uma cidade singular[32], fica manifesto que o bem ao qual eles aspiram naturalmente já não é ordenado unicamente à prosperidade de uma comunidade política particular. Uma vez que o bem comum é concebido como o foco da justiça das leis positivas, surge uma nova questão fundamental: dever-se-á afirmar que o bem comum usufrui uma existência transcendente em relação à diversidade dos regimes políticos? Nessa hipótese, a comunidade política seria o fundamento de uma ordem jurídica dotada

---

30. L. Strauss, *Qu'est-ce que la philosophie politique?*, op. cit., p. 91. Cf. *Éthique à Nicomaque*, 1178 a-b, pp. 516-9.

31. Cf. M. Bastit, *Naissance de la loi moderne*, Paris, PUF, 1990, pp. 114-5, nota 99.

32. *Les Politiques*, I, 2, 1252 b-1253 a, pp. 90-2.

de ramificações que seriam, não obstante, subtraídas à sua dominação. O justo já não deriva somente da conformidade às leis civis que emanam da constituição, mas supõe o respeito pelo bem comum. O direito, o que é justo, seria, pois, edificado sobre a natureza do homem, que, apesar de sua relativa indeterminação, a atualização flutuante de sua potência, "tem em toda parte a mesma força"[33]. É universalmente justo que as leis de uma cidade, estabelecidas pelo legislador, se esforcem em realizar as virtualidades da natureza humana. A ordem jurídica excede sua base política desde que provenha de uma fonte ética, que se atribua a existência virtuosa como tarefa. A imanência absoluta dessa norma de justiça ao conjunto dos regimes políticos se apresenta, portanto, como uma ausência de relatividade à diversidade das comunidades: "Há apenas uma única forma de governo (πολιτειαι) que seja em toda parte naturalmente a melhor."[34] Tal é a constituição cujas leis promovem o bem comum e permitem a cada cidadão realizar as virtudes de sua natureza.

A origem da lei natural

No entanto, Aristóteles não hesitou em recusar a imanência universal de tal ordem de valores, quando ela é invocada sob a forma de uma lei natural onipresente. A invocação da lei natural seria apenas um subterfúgio,

---

33. L. Ritter, "Le droit naturel chez Aristote", art. cit., p. 446.
34. *Éthique à Nicomaque*, V, 10, 1135 a, p. 252. Como salientou com justeza G. Romeyer Dherbey, o termo "por toda parte" (πανταχου) não possui um sentido distributivo que qualifique "o melhor regime para esta ou aquela Cidade dados o lugar e as circunstâncias" mas designa antes "o que está em vigor na maior parte" (*La Question du droit naturel*, Paris, Vrin, "L'excellence de la vie", 2002, p. 136).

"um procedimento retórico útil para se defender perante os tribunais"[35]. "Se a lei escrita é desfavorável à nossa causa, é preciso ter recurso à lei comum, a razões mais equitativas e mais justas. Cumpre dizer que [...] o equitativo permanece sempre e jamais muda, assim como a lei comum, que é segundo a natureza, ao passo que as leis escritas costumam mudar; daí as palavras pronunciadas na *Antígona* de Sófocles."[36]

Segundo Aristóteles, a questão da virtude, individual ou coletiva, não pode ser imediatamente apreendida através da noção de lei natural. Devido à sua natureza, o homem dispõe de um "princípio interno de movimento"[37], que o inclina a agir segundo uma finalidade imanente. Nossas inclinações racionais que derivam dessa orientação natural bastam para criar as condições de uma existência virtuosa, sem que seja necessário conferir-lhes a forma de uma lei, concebida como uma regra da razão portadora de uma obrigação[38].

Como explicar, então, que a lei natural, apreendida como injunção racional, possa ter-se imposto, segundo Aristóteles, como a fonte inesgotável da justiça da ordem legal? A irrupção da doutrina da lei natural no campo jurídico foi preparada por certa afinidade entre o cristianismo e o estoicismo tardio. Se a lei natural pôde ser invocada como uma injunção da razão, foi em nome de uma concepção fundamentalmente alheia a Aristóteles[39], se-

---

35. P. Aubenque, "La loi selon Aristote", *Archives de philosophie du droit*, 1980, p. 152.
36. Aristóteles, *Rhétorique*, I, trad. fr. M. Dufour, Paris, Gallimard, 1998, 1375 a, p. 89; 1373 b, p. 82.
37. Aristóteles, *Physique*, II, 1, 192 b, trad. fr. P. Pellegrin, Paris, GF, 2000, p. 116.
38. *Éthique à Nicomaque*, X, 5, 1180 a, p. 526.
39. "Os estoicos serão os primeiros a falar de uma *lex naturae*, que governa ao mesmo tempo os fenômenos cósmicos e as sanções humanas, impondo-se até aos deuses" (P. Aubenque, "La loi naturelle chez Aristote", art. cit., p. 150).

gundo a qual uma razão divina governa, de maneira imanente, a ordem do mundo. O sábio estoico já não é filiado a determinada cidade, ameaçada de dissolução em razão de sua particularidade, mas é um cidadão do mundo, pronto a se submeter voluntariamente à lei natural que insufla o universo. Em compensação, Aristóteles de modo algum parecia pensar em deduzir as nossas inclinações racionais da ação que uma razão divina poderia exercer no mundo sublunar.

Tentemos retraçar as etapas decisivas ligadas à formação da doutrina da lei natural. Paulo afirma, na Epístola aos romanos, que "quando os gentios, que não têm a lei, fazem naturalmente as coisas que a lei manda, não tendo a lei, a si mesmos servem de lei. Fazendo ver que o que é prescrito pela lei está escrito no coração, como a consciência deles disso dá provas pela diversidade das reflexões e dos pensamentos que os acusam, ou que os defendem"[40]. Cada homem poderia, pois, descobrir uma ordem de valores naturalmente gravada nele, uma lei íntima que o erigiria juiz do que é bem ou mal nas ações humanas.

Mas Paulo acrescenta que, em consequência do erro de Adão, da desobediência original, essa lei corre o risco de permanecer inoperante: "Acho em mim a vontade de fazer o bem, mas não acho o meio de realizá-lo [...] mesmo quando quero fazer o bem, encontro em mim uma lei que se opõe a isso, porque o mal reside em mim."[41]

Agostinho vai propor uma interpretação célebre da epístola de Paulo acentuando, de maneira desmedida, a decadência de nossa natureza consecutiva ao pecado original, em detrimento da inscrição de uma lei natural

---

40. Epístola aos romanos 2, 14-15.
41. *Ibid.*, VII, 18 e 21.

no coração dos homens. Desde a transgressão do mandamento divino, o homem não consegue extrair de sua natureza as forças suficientes para cumprir os fins de seu ser[42]. Sem, todavia, recusar a afirmação segundo a qual regras morais poderiam estar inseridas em nossa natureza[43], Agostinho considera que a lei natural indelével foi obnubilada pela falta, deixou de inspirar a conduta dos homens[44].

De encontro a essa interpretação, Tomás de Aquino vai tentar restaurar a integridade de nossa natureza ao afirmar que ela não foi corrompida, alterada, pelo pecado original, mas somente enfraquecida[45]. Dispomos de uma natureza perfectível cuja potência é preciso atualizar, que se encontra naturalmente orientada para fins, ainda que nossa alma racional nem sempre consiga domar os movimentos passionais oriundos de uma carne renitente. Esse trabalho de reabilitação dos recursos de nossa natureza vai efetuar-se sob o impulso do pensamento estoico, tal como foi interpretado, principalmente por Cícero: "Existe, claro, uma verdadeira lei, é a reta razão; ela é conforme à natureza, difundida em todos os homens; é imutável e eterna; suas ordens chamam ao dever; suas proibições desviam da falta."[46]

---

42. *Cité de Dieu*, ed. L. Jerphagnon, Paris, Gallimard, "La Pléiade", XIV, 15.
43. *Libre arbitre*, I, 16, p. 422; *Confessions*, II, IV, 9, p. 809, ed. L. Jerphagnon, Paris, Gallimard, "La Pléiade".
44. *Cité de Dieu, op. cit.*, XIX, 14.
45. "A inclinação natural para a virtude diminuiu pelo pecado" (*Somme théologique*, I-II, 85, 1, rép.). "No tocante aos preceitos morais, a razão humana não podia enganar-se sobre os preceitos mais gerais da lei natural no teor universal deles, se bem que o hábito ao pecado perturbasse seu olhar no pormenor da ação" (*ibid.*, 99, 2, sol. 2).
46. *De la république*, trad. fr. E. Bréguet, Paris, Gallimard, 1994, III, 22, pp. 103-4; "*natura jus est, quod non opinio genuit; sed quaedam innata vis inseruit*" (*De l'invention*, II, 53, 161; G. Verbeke, *Aux origines de la notion de "loi naturelle"*, La filosofia della natura, Milão, 1966).

Tomás de Aquino estima que a lei natural recobra sua primazia desde que se saliente que ela procede de uma lei eterna. Como conceber essa lei eterna?[47] A lei eterna nada mais é senão o governo da comunidade do universo tal como se realiza segundo a razão divina[48]: "O governo providencial de Deus conduz cada ser ao seu próprio fim."[49]

Portanto, a lei natural resulta da impressão dessa lei eterna em nosso ser. Todos os seres "participam de certo modo da lei eterna pelo fato de que, recebendo a impressão dessa lei em si mesmos, eles possuem inclinações que os empurram aos atos e aos fins que lhes são próprios"[50]. Mas "a criatura racional está submetida à providência divina de maneira mais excelente pelo fato de ela mesma participar dessa providência provendo a si mesma e aos outros [...]. É tal participação da lei eterna que, na criatura racional, é chamada de lei natural."[51] Compreende-se, assim, que "a luz de nossa razão natural, fazendo-nos discernir o que é bem e o que é mal, nada mais é senão uma impressão em nós da luz divina"[52].

Em que sentidos os ensinamentos morais, dispensados por nossa razão natural, podem ser concebidos como a expressão de uma lei? As inclinações de nossa natureza racional, que provêm da razão divina atuante no mundo, são erigidas em regras de ação. Com efeito, segundo

---

47. Cf. Agostinho, *Libre arbitre*, I, 15, p. 422. Tomás de Aquino, *Somme théologique*, I-II, 93, 3, resp.
48. "Toda a comunidade do universo é governada pela razão divina" (*Somme théologique*, I-II, 91, 1, resp.). Sobre a noção de "governo universal", cf. *De la royauté*, in *Petite Somme politique*, Paris, Pierre Téqui editeur, 1997, II, 1, p. 91.
49. *Somme contre les Gentils*, Paris, Le Cerf, 1993, III, 115.
50. *Somme théologique*, I-II, 91, 2, resp.
51. *Ibid.*
52. *Ibid.*

Tomás de Aquino, a lei, apreendida em sua essência, coincide com "uma regra de ação, uma medida dos nossos atos, segundo a qual somos solicitados a agir ou, ao contrário, somos dissuadidos de agir"[53].

Basta que nossa razão ordene nossas ações a um fim para que ele constitua uma regra. A regra de ação estabelece, portanto, um "vínculo" entre "o agente" e "certa maneira de agir"[54], dá origem a uma obrigação legal. Deve-se, então, considerar que a lei natural traduz uma obrigação que seria inerente à natureza do homem? Se essa regra de ação é concebida como natural, é porque repousa num princípio não exterior, mas interior, de movimento[55]. Portanto, a lei natural mostra-se como a regra imanente em virtude da qual um ser tende para seu fim ou para seu bem. A racionalidade dessa lei deve-se ao fato de ela vincular o indivíduo aos fins que lhe são atribuídos por sua natureza[56]. A obrigação legal aqui é portadora de um vínculo que repousa na finalidade natural e que ainda não provém de um comando arbitrário acompanhado de sanções.

Dado que toda inclinação natural para agir é ordenada para um fim e traduz uma regra de ação, "ela própria pode ser chamada de lei, não a título essencial, mas a título de participação"[57]. O homem dotado de uma alma racional é, portanto, submetido à lei eterna de dois modos diferentes: ao mesmo tempo pelo conhecimento racional que ele consegue elaborar da ordem

---

53. *Ibid.*, I-II, 90, 1, resp.
54. *Ibid.*
55. "A impressão do princípio interno de ação nos seres da natureza desempenha o mesmo papel que a promulgação da lei acerca dos homens" (*ibid.*, 93, 5, sol. 1).
56. Seja a lei natural ou positiva, ela é por essência uma "ordem de razão" (J.-F. Courtine, *Nature et empire de la loi*, Paris, Vrin, 1999, p. 62).
57. *Somme théologique*, 90, 1, sol. 1.

providencial e pelas propensões que o vinculam aos fins de sua natureza[58].

Os preceitos da lei natural

Tentemos determinar o teor da lei natural, identificar seus diferentes preceitos. Segundo Tomás de Aquino, o conjunto desses preceitos deriva de um axioma da razão prática, evidente por si só: "O bem é o que todos os seres desejam. Logo, o primeiro preceito da lei que se deve fazer é buscar o bem e evitar o mal."[59] Uma vez que a busca do bem decorre de uma finalidade imanente à nossa natureza, Tomás de Aquino vai resgatar diretamente um ensinamento de Cícero e estimar que "é segundo a própria ordem das inclinações naturais que se toma a ordem dos preceitos da lei natural"[60]. Em primeiro lugar, "toda substância busca a conservação de seu ser, segundo sua natureza própria [...]. Em segundo lugar [...] pertence à lei natural o que a natureza ensina a todos os animais, por exemplo, a união entre o macho e a fêmea, os cuidados dos filhotes [...]. Em terceiro lugar, encontramos no homem uma atração para o bem conforme à sua natureza de ser razoável [...] assim, ele tem uma inclinação natural para conhecer a verdade sobre Deus e para viver em sociedade. Nesse sentido, pertence à lei natural [...], por exemplo, que o homem evite a ignorância ou não faça mal ao próximo com quem deve viver"[61].

---

58. "Ou a lei eterna é participada por modo de conhecimento, ou então por modo de ação e de paixão, na medida em que participada sob forma de princípio interno de atividade" (*ibid.*, 93, 6, resp.).

59. *Ibid.*, 94, 2, resp.

60. *Ibid.* Cf. Cícero, *Traité des devoirs*, IV, em *Les Stoïciens*, Paris, Gallimard, "La Pléiade", 1962, pp. 498-9.

61. *Somme théologique*, 94, 2, resp.

Tomás de Aquino considera que cada ser é inclinado naturalmente para a atividade que convém à sua essência. Na medida em que a "alma razoável é a forma própria do homem, há em todo ser humano uma inclinação natural para agir segundo a razão"[62]. A lei natural mostra-se, pois, o princípio da existência virtuosa, ela comanda o exercício das virtudes de temperança, coragem, prudência e justiça, cuja fonte exclusiva é a razão[63].

Desde que se impõe como "verdadeiro e reto aos olhos de todos que se aja segundo a razão", importa reconhecer que "a lei de natureza é idêntica para todos em seus primeiros princípios gerais"[64]. Mas, se nos apegamos "às aplicações próprias" da lei natural que coincidem com as "conclusões dos princípios gerais", a validade delas se restringe à "maioria dos casos", elas podem esbarrar em exceções. Por exemplo, o preceito segundo o qual: "deve-se devolver o que se recebeu em depósito" impõe-se pelo exercício da razão como uma conclusão, mas tropeça em exceções, por exemplo se alguém reclama o depósito "no intuito de combater a pátria"[65].

Nessa perspectiva, Tomás de Aquino salienta que, se os preceitos morais do Decálogo ou do Evangelho pertencem à lei natural, é a título de conclusões que podemos deduzir racionalmente de seus princípios gerais[66].

---

62. *Ibid.*, 3, resp.
63. "Os atos de virtude são todos regidos pela lei natural; a razão de cada um edita, de fato, que é preciso agir virtuosamente" (*ibid.*). "Assim cumpre que todas as inclinações naturais que dependem das outras potências sejam ordenadas segundo a razão" (*ibid.*, 4, sol. 3).
64. *Ibid.*, 4, resp.
65. *Ibid.*
66. A célebre frase de Graciano, segundo a qual "o direito natural é o que está contido na lei e no Evangelho [...] não deve ser compreendida no sentido de que tudo o que está contido na Lei mosaica e no Evangelho provém da lei natural, mas no sentido de que tudo que depende da lei natural neles está plenamente ensinado [...]" (*ibid*, sol. 1; *ibid*, 98, 5, resp.). Mas, para Graciano, a

A JUSTIÇA LEGAL: ARISTÓTELES E TOMÁS DE AQUINO

Assim, esses preceitos morais oriundos de princípios imutáveis podem ser suspensos pelo surgimento de exceções contingentes, bem como pela intervenção da lei divina. "O homicídio de um inocente e também o adultério e o roubo são atos contrários à lei natural. Mas vemos que isso foi mudado por Deus, por exemplo quando prescreveu a Abraão matar o filho inocente (Gn 22, 2), ou quando mandou aos judeus subtrair os vasos tirados dos egípcios (Ex 12, 35), ou, enfim, quando ordenou a Oseias tomar uma mulher de prostituição (Os 1, 2)."[67] Compreende-se assim que "[...] os preceitos do Decálogo, quanto à razão de justiça que implicam, são invariáveis. Mas, na aplicação aos casos específicos, tal determinação, por exemplo que este ou aquele ato seja ou não um homicídio, um roubo ou um adultério, não é imutável"[68].

Apesar de certo número de coincidências[69], Tomás de Aquino propõe, assim, uma distinção particularmente fecunda entre a lei natural e a lei divina. Quais são os traços característicos da lei divina? "Chama-se direito divino o que é promulgado por Deus, trate-se de coisas naturalmente justas, mas cuja justiça é oculta aos homens, ou de coisas que se tornam justas por instituição divina. De sorte que o direito divino bem como o direito humano se desdobra: de um lado, na lei divina, as coisas mandadas porque são boas, e proibidas porque são más; do

---

superioridade do direito natural sobre o direito positivo provém do fato de ser confirmado pela revelação. "A razão natural de cada um [...] discerne imediatamente o que é preciso fazer ou não fazer; assim: 'Honrarás teus pai e mãe, não matarás, não roubarás'" (*ibid.*, 100, 1, resp.; 100, 3, resp.; M. Villey, *Leçons d'histoire de la philosophie du droit, op. cit.*, p. 213).

67. *Somme théologique*, 5, sol. 1.

68. *Ibid.*, 100, 8, sol. 3.

69. "As virtudes morais dirigem a atividade racional no campo das paixões interiores e das operações exteriores. Portanto, é evidente que os preceitos estabelecidos pela lei divina devem ocupar-se dos atos de todas as virtudes" (*ibid.*, 100, 2, resp., e 99, 4, resp.).

outro, as que são boas porque mandadas, ou más porque proibidas."[70]

Não obstante, a lei divina é necessária, para além das falhas da razão humana confrontada com situações contingentes e particulares, porque o homem é ordenado para um fim, a beatitude da *visio dei*, que não é proporcional à sua capacidade natural, que excede "os recursos naturais das faculdades humanas"[71]. Além da lei natural, bem como da lei humana, é, pois, necessário que uma lei seja revelada por Deus para conduzir o homem para seu fim sobrenatural[72]. Por outro lado, a intervenção de uma lei divina se impõe igualmente para que os movimentos interiores da alma que se furtam às leis humanas, reservadas somente aos atos exteriores, sejam corrigidos[73]; não devendo esses atos exteriores, que não podemos proibir, ficar impunes[74].

A aptidão da lei divina para transformar o homem a partir do interior[75] permite a Tomás de Aquino estabelecer um corte entre a lei antiga, empenhada principalmente em reger os atos exteriores, e a lei nova que se esforça em dispor interiormente os homens à obediência[76].

---

70. *Ibid.*, II-II, 57, 2, sol. 3.
71. *Ibid.*, 91, 4, resp.
72. "Com a lei divina, a comunidade em causa é a dos homens para com Deus, seja na vida presente, seja na vida futura; por isso os preceitos que essa lei propõe não negligenciam nada do que pode dispor a humanidade para suas boas relações com Deus" (*ibid.*, 100, 2, resp.).
73. "No que concerne ao movimento interior da vontade, não se é obrigado a obedecer aos homens, mas apenas a Deus" (*ibid.*, II-II, 104, 5, resp.).
74. *Ibid.*, I-II, 91, 4, resp.
75. M. Bastit, *Naissance de la loi moderne, op. cit.*, p. 144.
76. *Somme théologique*, I-II, 107, 1, sol. 2. Mas no campo das obras exteriores, descobrimos uma profunda unidade entre os preceitos morais do Decálogo e os do Evangelho: "O uso apropriado da graça, por sua vez, é feito pelas obras de caridade. Estas, na medida em que são necessárias à virtude, se relacionam com os preceitos morais, já promulgados na lei antiga" (*ibid.*, 108, 2, resp.).

Assim, é importante dissociar duas formas de interioridade: "O que é interior ao homem pode entender-se em dois sentidos: seja em relação com a natureza humana, sendo assim que a lei natural é uma lei posta no coração do homem; ou então é algo que se acrescenta à natureza e é introduzido no homem pelo dom da graça. Neste último sentido, a lei nova é posta no homem, não se limitando a indicar-lhe o que é preciso fazer, mas também ajudando a realizá-lo."[77]

Seja qual for a extensão de sua ingerência na esfera da interioridade, de sua aptidão para aperfeiçoar o homem a partir do interior, a lei divina ordena o homem para um fim, o conhecimento e o amor de Deus, que ultrapassa sua natureza e excede suas forças nativas[78]. Mas Tomás de Aquino não pretende de maneira alguma edificar um conjunto de leis positivas sobre a base da lei divina, precisamente porque ela solicita forças que superam a nossa natureza social. Em contraste com a inspiração predominante do agostinismo político, a sociedade política não é absorvida por uma ordem de valores que a transcende, levada por um movimento ascensional. A palavra revelada de Deus não constitui em absoluto um princípio de organização política ou jurídica.

Mesmo que Tomás de Aquino retome a afirmação agostiniana segundo a qual uma lei injusta é desprovida de qualquer dimensão legal[79], somente a lei natural, e não a lei divina, tem condições de garantir a justiça das leis positivas[80], em virtude de sua indefectível busca do bem comum. "Todavia, numa lei iníqua, na medida em que

---

77. Ibid., 106, 1, sol. 2. "Como a graça pressupõe a natureza, a lei divina pressupõe necessariamente a lei natural" (ibid., 99, 2, sol. 1).
78. Ibid., I-II, 5, 5, resp.
79. Le libre arbitre, I, 16, p. 422.
80. Somme théologique, I-II, 95, 2, resp.

conserva uma aparência de lei, em razão da ordem emanante da autoridade que a porta, há ainda uma derivação da lei eterna."[81]

Mas toda lei, natural ou positiva, na medida em que ordena os indivíduos para os fins que lhes são próprios, visa o bem comum[82]. Tomás de Aquino propõe, assim, uma definição geral da lei: "Uma colocação em ordem (*ordinatio*) da razão com vistas ao bem comum, promulgada por quem é encarregado da comunidade."[83] Tomás de Aquino salienta imediatamente que a lei natural encontrou-se promulgada, já que foi implantada por Deus no espírito dos homens[84].

A transcendência de uma ordem de valores

É nessa fase do raciocínio que Tomás de Aquino reata, em aparência, se excetuamos a nova perspectiva iniciada pela doutrina da lei natural, com o ensinamento aristotélico. As leis positivas se tornam justas quando preservam um bem que é comum à natureza de cada homem e permitem a cada cidadão realizar as disposições de sua natureza levando uma existência virtuosa. O bem comum mostra-se, portanto, o objeto da lei natural.

Mas Tomás de Aquino considera que não é simplesmente porque os homens cobiçam bens idênticos, cuja posse é exclusiva, que são conduzidos a se dividir. A perseguição de bens radicalmente diferentes está igualmen-

---

81. *Ibid.*, 93, 3, sol. 2.
82. *Ibid.*, 90, 2, resp.
83. *Ibid.*, 4, resp. Como observa J.-F. Courtine, é a estrutura da "ordenação para" que fundamenta a natureza analógica da lei em Tomás de Aquino (*Nature et empire de la loi, op. cit.*, p. 96).
84. *Somme théologique*, I-III, 90, 4, sol. 1.

te na origem de profundas dissensões. Apesar da finalidade inerente ao seu ser racional, cada indivíduo julga o bem e o mal segundo as paixões que lhe afetam a natureza[85]. Uma vez que cada indivíduo tende para um bem que lhe parece próprio, a multidão corre o risco de se desagregar, o que ameaça a coesão social. "Isso ocorre logicamente. Pois não há identidade entre o bem próprio e o bem comum. Os seres são divididos sob o ângulo de seus bens próprios, e unidos sob o ângulo do bem comum."[86] Embora os homens tendam naturalmente a se associar a fim de realizar as disposições de seu ser, a multidão parece, não obstante, incapaz de se governar por si só. A instituição da autoridade política aparece como uma consequência inevitável da vida social. A multidão deve, portanto, submeter-se à forma de autoridade política apta para governá-la segundo o bem que lhe é verdadeiramente comum: "Domina-se o outro como se domina um homem livre quando se dirige este para seu bem próprio, ou para o bem comum. E tal dominação do homem sobre o homem teria existido no estado de inocência [...] [pois] a vida social de uma multidão não poderia existir sem um dirigente que busca o bem comum."[87]

Ora, o bem comum coincide, num primeiro sentido, como já salientara Agostinho, com a paz civil[88]: "O bem e a salvação de uma multidão reunida em sociedade estão na manutenção de sua unidade, a que chamamos paz."[89] Mas essa salvaguarda da unidade da multidão,

---

85. "Homens diferentes são inclinados por natureza a fins diferentes; estes à cobiça, aqueles à busca das honras [...]" (*ibid.*, 94, 4, ob. 3).
86. *De la royauté*, I, 1, p. 45.
87. *Somme théologique*, I, 96, 4, resp. "Se, então, uma multidão de homens livres é ordenada por aquele que a governa ao bem comum da multidão, temos um governo reto e justo" (*De la royauté*, I, 1, p. 46).
88. *Cité de Dieu*, XIX, 12 e 13.
89. *De la royauté*, I, 2, p. 49.

que permite resistir às forças de dissolução, representa apenas a condição mínima da Cidade. Segundo Tomás de Aquino, em contraste com os pensadores modernos, a sociedade política não tem como fim cabal manter a coesão dos cidadãos, protegê-los contra a ameaça da guerra civil: "O fim cabal de uma multidão reunida em sociedade é viver segundo a virtude."[90] Não obstante, a existência virtuosa dos cidadãos é subordinada a duas condições, a abundância dos bens materiais e a preservação da paz[91].

Com toda a lógica, Tomás de Aquino esbarra então na questão clássica, legada por Aristóteles, referente à distinção entre o homem virtuoso e o bom cidadão. Sabendo que "a peculiaridade da lei é levar os sujeitos ao que lhes constitui virtude própria", empenhar-se em torná-los bons, falta considerar se essa bondade é "absoluta ou relativa"[92]. Se o bem buscado coincide com o que é útil ou agradável, se se mostra relativo "a determinado regime político", o conceito de bondade possui então um significado unívoco nas expressões "bom cidadão" e "bom ladrão"– designa simplesmente a capacidade para operar de maneira apropriada para um objetivo[93]. É inconcebível assimilar a destreza em empregar meios adaptados a um fim artificial com a finalidade imanente pela qual procuramos o bem que convém à nossa natureza de homem. A relação da lei natural com o bem comum da Cidade procede de uma finalidade imanente ao nosso ser.

Mas, com Tomás de Aquino, o homem já não é um animal político no sentido de que a natureza humana,

---
90. *Ibid.*, II, 3, p. 97.
91. *Ibid.*, II, 4, pp. 102-3.
92. *Somme théologique*, I-II, 92, 1, resp.
93. *Ibid.*

em razão de sua indeterminação, até mesmo de seu inacabamento, poderia, apesar dos limites que lhe são atribuídos, prestar-se a atualizações diferentes segundo a diversidade dos regimes políticos. O indivíduo foi, ao contrário, criado sociável por natureza; a capacidade das relações sociais para modelar-lhe a essência[94] parece atenuada pela potência divina, que se torna a garante da integridade de uma natureza humana doravante imutável. A implantação da lei natural no espírito dos homens é a prova evidente que consagra a nova integridade de nossa natureza. Ao passo que a natureza humana estará exposta à mudança na ordem do direito[95], a lei natural é imutável em seus primeiros princípios, somente algumas conclusões inferidas podem ser suspensas pela contingência das coisas, ou de uma intercessão direta da divindade. A imutabilidade dos primeiros princípios da lei natural provém diretamente da providência divina, tal como é revelada pela finalidade atuante em nossa natureza.

Além da imanência universal da natureza humana ao conjunto dos regimes políticos, concebida por Aristóteles, a lei natural imutável já manifesta a transcendência de uma ordem de valores, anterior à invocação pela lei divina de uma sobrenatureza qualquer[96]. A potência do ato criador, através da providência imanente que ele continua a exercer em nosso ser, garante a existência absoluta do bem comum, para além do interesse próprio de cada comunidade[97].

---

94. Cf. G. de Lagarde, *La Naissance de l'esprit laïque au Moyen Âge*, Saint-Paul-Trois-Châteaux, Ed. Béatrice, Paris, Droz, 1946, V, pp. 211-2.
95. *Somme théologique*, II-II, 57, 2, sol. 1.
96. "O fim cabal da vida humana é a felicidade ou a beatitude" (*ibid.*, I-II, 90, 2, resp.).
97. M. Bastit recusa essa transcendência precisamente porque ele assimila lei natural e direito natural (*Naissance de la loi moderne, op. cit.*, pp. 113-4).

Uma vez que o fim da associação política coincide com a existência virtuosa dos cidadãos, Tomás de Aquino afirma, então, que as leis positivas, estabelecidas pela vontade do legislador, devem ser estritamente subordinadas aos preceitos da lei natural. A lei humana provirá apenas de maneira marginal de um princípio que lhe é próprio; portanto, ela não é dependente de uma vontade arbitrária, mas define simplesmente as modalidades de aplicação da lei natural. As leis humanas são, portanto, disposições particulares, descobertas pela razão, para a execução das leis naturais[98].

Tomás de Aquino precisa que inventariemos dois tipos de derivação a partir da lei natural[99]. Certas leis humanas decorrem da lei natural a título de conclusões. O preceito segundo o qual "não se deve matar" deriva como uma conclusão do princípio que nos intima a "não fazer o mal". Mas certas disposições legais são apenas "determinações" dos princípios da lei natural: "A lei de natureza prescreve que quem comete uma falta seja punido; mas que seja punido com tal pena é uma determinação da lei de natureza."[100]

Essas duas formas de derivação autorizam-nos, portanto, a distinguir dois tipos de lei humana: as conclusões "recebem da lei natural uma parte do poder delas", ao passo que as determinações[101], as especificações, "recebem seu poder somente da lei humana"[102]. A lei humana torna-se então, por si mesma, uma norma de morali-

---

98. *Somme théologique*, I-II, 91, 3, resp.
99. *Ibid.*, 95, 2, resp.
100. *Ibid.*
101. Segundo M. Villey, o conceito de determinação pode igualmente assumir um duplo significado, qualificando a um só tempo uma decisão arbitrária do legislador e uma conclusão racional do juiz (*Leçons d'histoire de la philosophie du droit, op. cit.*, p. 212, nota 2; *Somme théologique*, I-II, 99, 4, resp.).
102. *Somme théologique.*

dade, pela proscrição de atos indiferentes, que não são intrinsecamente maus. Nesse sentido, a lei positiva consegue criar uma obrigação que lhe é própria, não derivada da lei natural.

Mas Tomás de Aquino continua empenhado em salientar os limites da lei humana, já que considera que ela não consegue reger tudo[103], nem proscrever atos que não prejudicam o bem comum. Embora a lei humana se empenhe em deixar os homens virtuosos, ela não pode, reprimir todos os vícios, com o risco de exacerbá-los.

Segundo Tomás de Aquino, essas duas formas de derivação a partir da lei natural vão encontrar-se no princípio de uma nova distinção, no seio do direito positivo, entre o direito das gentes (*jus gentium*[104]) e o direito civil. "O direito das gentes é algo natural ao homem, na medida em que este é um ser racional, porque esse direito deriva da lei natural como uma conclusão que não está muito afastada dos princípios."[105] Em compensação, "[...] o que deriva da lei de natureza a título de determinação particular concerne ao direito civil"[106]. O direito das gentes parece, pois, independente do consentimento das nações, provém da consideração de um bem comum que transcende a pluralidade das comunidades políticas.

---

103. *Ibid.*, II-II, 78, 1, resp.
104. Como enfatiza R. Dérathé, esse termo designava, na origem, entre os romanos, o "direito das embaixadas. Era esse verossimilmente seu sentido mais primitivo. Depois [...] ele designou as regras jurídicas aplicáveis no interior do Estado romano, nas relações entre os estrangeiros, ou entre estrangeiros e cidadãos romanos" (*Jean-Jacques Rousseau et la science politique de son temps*, Paris, Vrin, 1992, p. 389). Bartolo decidirá depois operar uma cisão no próprio seio do direito das gentes entre o que é ditado pela razão natural e o que é estabelecido pelo consentimento das nações (cf. R. Tuck, *Natural Rights Theories*, Cambridge, Cambridge University Press, 1979, p. 35).
105. *Somme théologique*, I-II, 95, 4, sol. 1.
106. *Ibid.*, resp.

Não obstante, o estatuto do direito das gentes não parece fixado com precisão, e Tomás de Aquino hesita em conferir-lhe a forma da positividade. Uma vez que o direito das gentes é deduzido da lei natural, ele supõe uma intervenção humana e positiva, o exercício de uma atividade racional[107]. Ao passo que, se ele é vinculado, como veremos, ao direito natural[108], essa mesma atividade racional mostra-se alheia à toda positividade, concebida dessa vez de maneira restritiva, reduzida à decisão contingente do legislador[109]. Essa hesitação pode ser o sinal de que o direito natural é afetado por uma instabilidade superior à da lei natural; logo, é importante, quando o direito das gentes encontra sua fonte no direito natural, marcar mais o caráter não consensual, mas universal da atividade racional que o estabelece.

---

107. *Ibid.*
108. *Ibid.*, II-II, 57, 3, resp. Cumprirá vincular prioritariamente o direito das gentes à lei natural ou ao direito natural? Cf. M. Bastit, *La Naissance de la loi moderne, op. cit.*, p. 127, nota 17.
109. "Porque a razão natural dita o que pertence ao direito das gentes como realizando o mais possível a igualdade, essas coisas não necessitam de uma instituição especial; é a própria razão natural que as estabelece [...]" (*Somme théologique*, II-II, 57, 3, sol. 3; J.-M. Aubert, *Le Droit romain dans l'œuvre de saint Thomas*, Paris, Vrin, 1954, p. 108 e p. 122, nota 2).

Capítulo II
A distinção entre o direito e a moral

A regra jurídica

A justiça de uma lei positiva não provém exclusivamente de sua subordinação a uma lei natural, garante do bem comum. As relações sociais são portadoras de uma "justiça particular" que, segundo Aristóteles, é irredutível à justiça legal. Essa justiça particular rege a maneira pela qual os homens entram em relação desde o momento em que cobiçam bens exteriores. No próprio âmago dos conflitos que surgem quando o desejo das honras e das riquezas põe os indivíduos às bulhas, é importante escrutar a emergência de uma justiça, de um direito natural. O objeto da justiça particular já não é, portanto, moral, não se trata de retificar as disposições que se apoderam dos indivíduos ou de se acertar com outrem respeitando o bem comum. Como enfatiza Aristóteles, a concórdia entre os cidadãos se impõe mais além da justiça[1]. O objeto do direito é, por contraste, ajustar as relações que in-

---

1. "A amizade também parece constituir o vínculo das cidades, e os legisladores parecem lhe dedicar um maior apreço do que à própria justiça. [...] Quando os homens são amigos, já não há necessidade de justiça" (*Éthique à Nicomaque*, VIII, 1, 1155 a, p. 383).

tervêm entre os bens exteriores conferidos em partilha às pessoas². A regra jurídica deve, portanto, ser distinguida da regra moral³.

Se nos colocamos numa perspectiva não mais moral, mas jurídica, é pela mediação das coisas, pela repartição de que são objeto, que o homem entra em relação com seu próximo⁴. Essa discriminação entre a moral e o direito revela-nos, pois, que existem duas maneiras distintas de acertar-se com o outro. A relação moral supõe, de um lado, que nos vinculemos a outrem por intermédio do bem comum, ao passo que a relação jurídica prevê um ajuste que se opera pela mediação da partilha das coisas.

A distinção entre os móbeis interiores e as ações exteriores sancionadas pela força pública se mostra demasiado abstrata⁵ para apreender tal demarcação. Embora a obrigação jurídica se distinga da obrigação moral, nem por isso ela é redutível a uma coerção exterior⁶.

---

2. O meio-termo próprio das virtudes morais "não se aprecia segundo a proporção de uma coisa com outra, mas somente em relação ao próprio sujeito virtuoso. É por isso que, entre elas, o meio-termo é fixado pela razão e relativo a nós. Ao contrário, a matéria da justiça é uma atividade externa que, por si só ou pela realidade que ela emprega, implica uma justa proporção com os outros. Portanto, é na igualdade de proporção dessa realidade exterior com os outros que consistirá o meio-termo da justiça [...] o meio-termo da justiça tem, portanto, um caráter objetivo" (*Somme théologique*, II-II, 58, 10, resp.).

3. Cf. M. Villey, *Leçons d'histoire de la philosophie du droit, op. cit.*, p. 211.

4. Tomás de Aquino, *Somme théologique*, II-II, 58, 8, resp. Cf. M. Villey, *Questions de saint Thomas sur le droit et la politique*, Paris, PUF, 1987, p. 129.

5. Kant, *Doctrine du droit*, Paris, GF, 1994, introdução, § C, pp. 17-8. Ademais, num âmbito estritamente moral, segundo Aristóteles, o conceito de disposição rejeita qualquer dissociação interior-exterior: "Não é tampouco para as nossas afeições que incorremos o elogio ou a censura (pois não se elogia o homem que sente o temor ou experimenta a cólera, assim como não censuramos aquele que simplesmente se encoleriza, mas realmente o que o faz de certa forma), mas são as nossas virtudes ou os nossos vícios que nos fazem elogiar ou censurar" (*Éthique à Nicomaque*, II, 4, 1105 b-1106 a, p. 101).

6. Cf. H. Kelsen, *Théorie pure du droit*, trad. fr. C. Eisenmann, Bruxelas, Bruylant, Paris, LGDJ, 1999, II, 8-9, pp. 67-70. [Trad. bras. *Teoria pura do direito*, São Paulo, Martins Fontes, 7.ª ed., 2006.]

Segundo Tomás de Aquino, somente a lei divina investe o campo das intenções, enquanto a moral se liga tanto às "paixões interiores" quanto às "ações exteriores" e até mesmo aos "bens exteriores"[7]. Nesse contexto, Aristóteles propõe um exemplo particularmente edificante: "Se um homem comete um adultério com vistas ao ganho, e dele retirando um lucro, ao passo que outro age assim por concupiscência, até desembolsando dinheiro e se arriscando, este último pareceria ser um homem desregrado e não um homem que pega mais do que lhe é devido, ao passo que o primeiro é injusto, mas não desregrado."[8]

Como então definir o conceito de direito? A pesquisa tomista enceta com uma referência à célebre etimologia atribuída à palavra "direito" por Isidoro de Sevilha: "O direito (*jus*) é assim chamado porque é justo (*justum*)."[9] A justiça aqui em questão não supõe evidentemente, como afirma Agostinho, submeter o homem a Deus[10], mas "ordenar o homem no que é relativo a outrem"[11]. Logo, a justiça é uma virtude, a disposição habitual que inclina a buscar em nossas relações com os outros a coisa justa, o direito. O direito coincide com o objeto da justiça[12]. O termo *jus* "foi utilizado primeiro para indicar a própria coisa justa; depois ele designou a arte de discernir o justo; em seguida, o próprio lugar onde se pratica a justiça [...] e, enfim, a sentença, ainda que iníqua, prolatada por quem é encarregado de ministrar a justiça [...].

---

7. *Somme théologique*, II-II, 58, 8, resp. Cf. J. M. Aubert, *Le Droit romain dans l'œuvre de saint Thomas*, op. cit., pp. 77-8.
8. *Éthique à Nicomaque*, V, 4, 1130 a, p. 222.
9. *Somme théologique*, II-II, 57, 1. A língua grega (*to diakaion*), contrariamente ao latim, não distingue os dois termos (*jus/justum*).
10. *Ibid.*, ob. 3.
11. *Ibid.*, resp.
12. *Ibid.*

É por isso que a lei não é, propriamente falando, o direito, mas, antes, a regra do direito"[13]. De encontro ao que Hobbes afirmará, o direito não é o contrário da lei, mas a lei indicativa será a razão da relação justa[14]. O direito mostra-se, portanto, como uma relação entre duas entidades fundamentadas num ajuste, ou seja, uma proporção ou uma igualação[15]. A igualdade jurídica se distingue, assim, da igualdade política, que repousa, como vimos, na reciprocidade na detenção do poder[16].

Enquanto uma ação virtuosa é ordenada para os fins da natureza humana, parece que a relação jurídica, por supor a mediação das coisas, não é subordinada a uma finalidade que estaria ancorada numa natureza. A relação que atos marcados de humanidade mantêm com os fins da natureza deles deve ser dissociada da busca de uma relação de igualdade na partilha dos bens. Se podemos sustentar que cada homem tende, por uma inclinação imanente, a realizar sua natureza, é inconcebível que a sociedade política, a despeito de sua naturalidade, possa ser perpassada por uma força imanente que tenda a instaurar relações justas entre os cidadãos. Se a relação jurídica é da alçada da categoria do relativo ($\pi\rho o\varsigma$ $\tau\iota$), ela é apenas uma expressão particular sua, especificada pela noção de igualdade, distinta da relação final, da ordenação para um fim. O ser do igual não "consiste em nada mais que ser afetado por certa relação"[17]. A causalidade

---

13. *Ibid.*, 57, 1, sol. 1 e sol. 2.
14. M. Villey, *Essais de philosophie du droit*, Paris, Dalloz, 1969, p. 183.
15. Tomás de Aquino, *Somme théologique*, II-II, 57, 1, resp.
16. "Mas a reciprocidade não coincide nem com a justiça distributiva nem sequer com a justiça corretiva" (*Éthique à Nicomaque*, V, 8, 1132 b, p. 238).
17. Aristóteles, *Catégories*, trad. fr. J. Tricot, Paris, Vrin, 1989, 7, 8 a, p. 39. "Alguns viram na relação não uma realidade pertencente ao universo real, mas uma construção da razão. Ora, isso parece errado pelo fato de as próprias realidades serem naturalmente ordenadas e referidas umas às outras [...]. Certas relações são realidades de natureza quanto aos seus dois extremos: isso

final é apenas uma das formas que a categoria da relação pode revestir. Como salienta Tomás de Aquino, é importante dissociar as "relações consecutivas à quantidade" das "relações resultantes da ação e da paixão como entre motor e móbil [...]"[18].

O direito natural

Importa, então, não chegar a uma concepção errônea da naturalidade do direito. Se a justiça legal pode ser vinculada a uma finalidade natural, inerente à natureza humana, a justiça particular repousa numa relação de igualdade não finalizada, mas imanente às relações sociais. Com efeito, é no cerne dos efeitos contingentes que surgem quando os homens cobiçam bens cuja posse é exclusiva, no momento em que a finalidade natural parece esgotar-se, extenuar-se, que uma relação jurídica, fundamentada numa repartição igual dos bens, deve impor-se. Somente os bens exteriores, submetidos às vicissitudes da fortuna, constituem o objeto do direito, e não o bem propriamente humano[19].

---

acontece quando há relação entre dois termos em virtude de algo que pertence realmente a um e ao outro. É o que ocorre manifestamente em todas as relações consecutivas à quantidade, como entre grande e pequeno, duplo e metade [...]" (*Somme théologique*, I, 13, 7, resp.).

18. *Ibid*.

19. "O homem injusto é o que pega além do que lhe é devido, ele será injusto no tocante à relação com os bens, não todos os bens, mas somente os que interessam à prosperidade ou à adversidade" (*Étique à Nicomaque*, V, 2, 1129 b, p. 216). "Fica nitidamente claro que também devemos considerar os bens exteriores [...], pois é impossível [...] realizar as boas ações quando se é desprovido dos recursos para fazer frente a elas. De fato, em muitas de nossas ações, fazemos intervir, a título de instrumentos, os amigos ou a riqueza, ou a influência política [...] parece que a felicidade precisa, como condição suplementar, de uma prosperidade desse gênero; daí vem que alguns põem na mesma posição que a felicidade a fortuna favorável, enquanto outros a iden-

Tomás de Aquino considera até mesmo que a busca do bem comum, apoiada pela finalidade natural, pode entrar em conflito com o respeito pelo direito: "Por exemplo, quando os encargos são repartidos desigualmente na comunidade, mesmo que sejam ordenados para o bem comum."[20] Tal é o princípio da distinção entre a justiça geral, empenhada em preservar o bem comum, e a justiça particular, garante dos direitos do indivíduo.

Em que sentido será possível afirmar que uma lei que se empenha em promover o bem comum pode ser injusta, atentar contra os direitos dos cidadãos?

Basta reconhecer a pregnância de um direito natural, imanente às relações sociais, que deve ser dissociado da lei natural, inserida na natureza humana. Enquanto a lei natural é imutável, reportada a seus princípios fundamentais, o direito natural se apresenta como essencialmente flutuante e movediço. Aristóteles se aplicou, de fato, num texto célebre e cuja interpretação é particularmente controvertida, a combater os pensadores sofistas[21], que tiram partido das variações do direito natural para estabelecer-lhe a inanidade e sustentar que todas as prescrições jurídicas são convencionais ou positivas e emanam da vontade de um legislador.

Como interpretar as variações do direito natural de um regime político para outro? Se o "que é natural é imutável e em toda parte tem a mesma força (como é o caso do fogo, que queima igualmente aqui e na Pérsia)"[22], cada

---

tificam com a virtude" (*ibid.*, I, 10, 1198 a-1199 b, pp. 67-8). Como salienta M. Finley, a democracia ateniense era o teatro de uma reivindicação quase revolucionária: a abolição das dívidas e a redistribuição das terras (*L'Invention de la politique*, trad. fr. J. Calier, Paris, Flammarion, 1985, p. 160).

20. *Somme théologique*, I-II, 96, 4, resp.
21. Sobre as figuras de Cálicles e Licofronte, cf. respectivamente Platão, *Gorgias*, 483 b; *Les Politiques*, III, 9, 1280 b, p. 235.
22. *Éthique à Nicomaque*, V, 10, 1134 b, p. 251.

um deve resolver-se então a reconhecer a inanidade do direito natural. Ora, segundo Aristóteles, uma justiça imutável só poderia existir entre os deuses, ao passo que no mundo sublunar, "ainda que nele também exista uma certa justiça natural, tudo nesse campo é, porém, passível de mudança [...]. E dentre as coisas que têm a possibilidade de serem diferentes do que são, é fácil ver quais tipos de coisas são naturais e quais são aquelas que não o são, mas repousam na lei e na convenção"[23].

Mas não se trata somente de afirmar aqui que a natureza humana só existe em potencial, que está sujeita a variações, até mesmo a falhas, que um ser natural, que detém um princípio interno de movimento, nem sempre consegue realizar os fins que lhe foram atribuídos. Nesse sentido, o direito natural político, que permite identificar a melhor constituição, a forma de organização política mais bem adaptada à natureza humana, pode estar sujeito a flutuações, apesar de sua preeminência.

Não obstante, as variações da justiça geral devem ser dissociadas daquelas que afetam a justiça particular. Assim como o direito natural político possui mais constância em comparação às disposições constitucionais bem como às leis positivas, submetidas a flutuações irremediáveis, é importante reconhecer que uma relação social é portadora de uma justiça particular, que, apesar de suas possíveis variações segundo a diversidade das relações sociais, desfruta uma estabilidade superior daquela que afeta suas expressões positivas, dependentes da versatilidade das opiniões. O direito é apreendido como natural, pois ele "não depende desta ou daquela opi-

---

23. *Ibid.* "O que é natural a um ser dotado de uma natureza imutável deve ser em toda parte e sempre o mesmo. Mas não é esse o caso da natureza humana, que é submetida à mudança; eis por que o que é natural ao homem às vezes pode faltar" (*Somme théologique*, II-II, 57, 2, sol. 1).

nião"[24]. Se descobrimos no próprio seio das relações sociais relações justas, é na medida em que elas não são subordinadas ao consentimento das partes ou à instituição de uma convenção.

Fica claro, portanto, que, segundo Tomás de Aquino, é inconcebível atribuir aos homens direitos independentemente das relações sociais em cujo seio eles se inserem. A sociedade política não repousa em direitos do homem primordiais, mas é unicamente em referência à parte dos bens materiais ou imateriais que se outorga a cada um, segundo justas relações, que é possível identificar direitos individuais[25]. A concepção tomista do direito se situa, portanto, aquém da demarcação moderna entre um direito objetivo, formado pelo conjunto das leis, e um direito subjetivo, que supõe o reconhecimento de uma qualidade moral inerente a um sujeito.

Justiça distributiva, justiça comutativa

Se o direito natural é uma relação fundamentada na igualdade, Tomás de Aquino vai prosseguir o comentário do pensamento de Aristóteles indicando que é possível ajustar-se aos outros segundo dois modos de igualdade diferentes. Existe uma justiça distributiva "chamada a repartir proporcionalmente o bem comum da sociedade"[26]. Essa forma de justiça que distribui as honras e as riquezas procede segundo uma igualdade proporcional: "São

---

24. *Ibid.*, p. 250.
25. Encontramos, portanto, de maneira indireta, para além da opção positivista de Kelsen, o princípio da demonstração do caráter ideológico da noção de direito natural subjetivo (*Théorie pure du droit, op. cit.*, IV, 29, p. 137; IV, 41, p. 296).
26. *Ibid.*, II-II, 61, 1, resp.

dados tanto mais bens comuns a uma pessoa quanto seu lugar na comunidade é preponderante."[27] Essa justiça distributiva é particular, a despeito de sua referência ao bem comum, pois o indivíduo é o termo visado por essa repartição, o elemento ao qual as coisas comuns são ajustadas. Ao passo que no âmbito da justiça legal, o termo visado coincide com o bem comum: "Pertence à justiça legal ordenar para o bem comum os bens particulares; mas, inversamente, ordenar o bem comum para o bem dos indivíduos, distribuindo-o a eles, concerne à justiça particular."[28]

A participação no bem comum não deve ocultar a partilha dos bens públicos[29]. No seio da justiça particular, a repartição dos bens públicos não decorre da avaliação de cada indivíduo em função de sua aptidão para promover o bem comum. A igualdade que se encontra no princípio da distribuição não é, em absoluto, finalizada por uma relação com um modelo qualquer da natureza humana. O direito natural político, que, como vimos, permite distribuir as magistraturas segundo o mérito de cada um, não faz parte da justiça particular, mas da justiça geral: "Àquele que prevalece em mérito, será dada mais honra."[30] A partilha do poder se efetua aqui em função do bem comum da sociedade sem levar em conta a igualdade imanente às relações sociais. A concepção do mérito que está no princípio da repartição dos cargos públicos varia conforme a forma de vida virtuosa erigida em norma primordial. A questão da atribuição do poder político deve ser distinguida daquela que incide

---

27. *Ibid.*, 2, resp.
28. *Ibid.*, 1, sol. 4.
29. Cf. C. Castoriadis, "Valeur, égalité, justice, politique: de Marx à Aristote e d'Aristote à nous", *Textures*, n.º 75/12-13, pp. 31-3.
30. *Éthique à Nicomaque*, VIII, 16, 1163 b, p. 428.

sobre a repartição justa dos bens exteriores. Parece, de fato, absurdo pensar em distribuir bens avaliando o mérito moral de cada indivíduo[31].

Não obstante, a igualdade inerente à justiça particular não é fundamentada numa reciprocidade que suspenderia as posições sociais preponderantes. Como, então, estabelecer uma distribuição dos bens públicos no âmbito da justiça particular? Qual deverá ser, por exemplo, o princípio da alocação dos recursos educativos? A igualdade proporcional conseguirá manter uma real igualdade das chances entre os indivíduos?[32] Poder-se-á pretender recorrer a essa justiça particular distributiva para conceder vantagens aos que têm menos?

Essa dissociação entre o bem comum e o direito do indivíduo, entre os dois termos visados pela justiça legal e pela justiça distributiva particular, levanta uma série de questões cujo alcance se mostra capital para retraçar a genealogia do direito moderno. Como dirimir um litígio, ou um conflito, que sobrévem entre as leis destinadas a preservar o bem comum e as justas reivindicações dos indivíduos que exigem o que lhes é devido segundo a igualdade proporcional? Uma decisão política destinada a favorecer a concretização dos fins da natureza humana poderá ser injusta, contrária aos direitos do indivíduo? Como veremos no âmbito do pensamento de Locke, as desigualdades sociais podem integrar-se a um regime empenhado em realizar as virtualidades da natureza humana, cuja finalidade é constituída pelo bem comum. A justiça das leis positivas ficará ameaçada quando elas tentam submeter ao bem comum relações sociais que concernem à justiça particular?

---

31. John Rawls, *Théorie de la justice*, pp. 348-9. [Trad. bras. *Uma teoria da justiça*, São Paulo, Martins Fontes, 2008].

32. *Ibid.*, p. 550.

Não obstante, para seguir a metáfora tomista já citada, o sol da justiça geral não poderia transformar a justiça particular. A justiça geral não pode modificar a orientação da justiça particular como ela modifica as virtudes de coragem ou de temperança colocando-as a serviço do bem comum. A justiça particular visa a igualdade inerente a uma relação social, a que se refere à partilha dos bens exteriores entre cidadãos; é inconcebível submetê-la a um fim distinto da igualdade sem a aniquilar: "O bem comum da Cidade e o bem particular de uma pessoa diferem entre si formalmente."[33] Apenas o bem natural do indivíduo, sua existência virtuosa, pode ser integrado ao bem comum.

Segundo Tomás de Aquino, a injustiça inerente às leis que se opõem, em nome do bem comum, a uma igual distribuição é isenta de dúvida[34], mesmo que ela não possa desobrigar os sujeitos de seu dever de obediência, autorizá-los a resistir e até mesmo a se rebelar. Tomás de Aquino favorece a emergência de uma dificuldade com a qual ele não se confronta diretamente, a do direito de resistência num regime legítimo, empenhado em preservar o bem comum. Cada cidadão é, evidentemente, submetido, por exemplo, ao dever moral que lhe intima pagar seus impostos, mas, para além de certa proporção, essa exigência, ligada à justiça legal, atenta contra a integridade dos direitos de cada indivíduo.

Dessa forma de justiça que rege a relação dos indivíduos com os bens comuns da Cidade se distingue a justiça comutativa, "que tem por objeto as trocas mútuas entre duas pessoas" privadas[35].

---

33. *Somme théologique*, 58, 7, sol. 2.
34. *Ibid.*, I-II, 96, 4, resp.
35. *Ibid.*, II-II, 61, 1, resp.

A justiça comutativa procede segundo uma estrita igualdade aritmética e não mais proporcional[36]. Essa forma de igualdade não deve desenvolver-se segundo "uma proporção das coisas com as pessoas", mas segundo uma "igualdade de coisas com coisas", sem acepção de pessoa: "Tudo o que um recebeu a mais tomando daquilo que é do outro, ele lhe restitui em igual quantidade."[37] Essa forma de justiça intervém nas trocas comerciais, mas também na correção dos danos infligidos a outrem[38].

A nova perspectiva, iniciada pela consideração dessa justiça corretiva, permite-nos completar a elaboração do conceito de direito. O direito não é somente uma relação fundamentada na igualdade, é uma relação que, precisamente por repousar na igualdade e estabelecer um vínculo (*vinculum*) entre os indivíduos, é portadora de uma obrigação.

O que é uma obrigação jurídica? Se a obrigação jurídica não é imediatamente legal, é porque o vínculo que ela instaura não provém de uma finalidade inerente à natureza humana ou de um comando arbitrário acompanhado de sanções[39], mas deriva de uma relação de igualdade. A fim de receber o nosso direito, é necessário que uma obrigação nos ligue a um outro indivíduo. O direito é uma relação entre as partes ligadas pela igualdade.

Mas isso não implica que o direito atribuído a um coincida com o dever de respeitá-lo que pesa sobre o outro[40]. O direito pode ser dissociado do dever antes mes-

---

36. "Por igualdade numérica refiro-me ao fato de ser idêntico e igual pela quantidade ou grandeza [...]" (*Les Politiques*, V, 1, 1301 b, p. 334).
37. *Somme théologique*, II-II, 61, 2, resp.
38. Cf. *Éthique à Nicomaque*, V, 7, 1131 b-1132 a, pp. 231-4; V, 6, 1130 b-1131 a, pp. 224-5.
39. R. Sève, *Leibniz et l'école moderne du droit naturel*, Paris, PUF, 1989, p. 20.
40. R. Tuck, *Natural Rights Theories, op. cit.*, pp. 160-1; cf. Pufendorf, *Droit de la nature et des gens*, III, 5, 3.

mo da emergência da noção de direito subjetivo. A obrigação jurídica é uma relação que se impõe às duas partes, não deve ser confundida com o dever natural que incumbe ao indivíduo se conformar com seus compromissos, respeitar a palavra dada. A obrigação jurídica não é, portanto, nem legal nem moral.

A obrigação jurídica pode, então, ser distinguida do dever moral sem invocar a noção de consentimento[41]. Pois a obrigação jurídica não é essencialmente subordinada ao consentimento das partes, ela pode ser natural. Não podemos contentar-nos em afirmar, principalmente com Grócio, que a obrigação jurídica supõe, diferentemente do dever, um comprometimento voluntário, uma transferência de direito[42]. Se é concebível que não sou obrigado simplesmente pelo que eu quis[43], não é em nome dos deveres naturais aos quais sou sujeito, mas em razão do vínculo que uma relação de igualdade me impõe. Por exemplo, no âmbito da justiça penal, o direito reconhecido decorre da obrigação que incumbe ao indivíduo de reparar o dano causado. Nesse sentido, punir um indivíduo com a pena que merece equivale a lhe atribuir seu direito[44]. Trata-se, portanto, de distinguir o direi-

---

41. R. Tuck propõe uma distinção entre a obrigação e o dever, mas recorrendo à noção de consentimento, de comprometimento voluntário (*Natural Rights Theories, op. cit.,* p. 9).
42. Cf. igualmente, sobre o dever natural de justiça, Rawls, *Théorie de la justice, op. cit.,* pp. 144-5, p. 377.
43. J.-F. Spitz, *John Locke et les fondements de la liberté moderne,* Paris, PUF, 2001, p. 16; sobre a crítica do consentimento passivo extorquido sob coação, cf. Locke, *Second traité,* XVI, § 176.
44. Cf. M. Villey, *Leçons d'histoire de la philosophie du droit, op. cit.,* p. 232. Grócio considera que se trata de uma expressão abusiva: "A locução vulgar as desnaturou, pela qual dizemos que a pena é devida ao delinquente: o que é totalmente impróprio; pois aquele a quem uma coisa é propriamente devida tem um direito contra a outra parte. Mas, quando dizemos que uma pena é devida a alguém, queremos dizer outra coisa, apenas que é justo que ele seja punido" (*Droit de la guerre et de la paix,* II, XX, II, 2, pp. 450-1).

to penal geral, que estipula as penas de acordo com o atentado feito ao bem comum da sociedade, do direito penal, oriundo da justiça particular, que ajusta as sanções aos danos infligidos.

Por outro lado, se nos referimos mais particularmente às trocas comerciais, constatamos que a justiça comutativa se impõe, sejam as transações privadas voluntárias ou involuntárias; no seio das trocas privadas "voluntárias ou involuntárias, o meio-termo se determina da mesma maneira: a igualdade da compensação"[45]. Nessas condições, fica manifesto, como observou judiciosamente Michel Villey, que a justiça de uma relação social é irredutível ao consentimento das partes[46]. Não basta que um trabalhador miserável consinta em ratificar as cláusulas de seu contrato de trabalho para que a relação que ele mantém com seu empregador se torne justa[47]. A justiça de um contrato de trabalho não decorre simplesmente do respeito pelas duas partes da palavra dada, mas também da relação objetiva, da igualdade aritmética entre a parte das riquezas produzidas e o salário pago. Apenas a justiça geral, garante do bem comum, tem condições de metamorfosear o respeito da palavra dada em obrigação moral ou legal, passível de sanções.

Referindo-nos a uma igualdade proporcional ou aritmética, impõe-se uma norma de justiça, distinta a um só tempo das leis positivas protetoras do bem comum como dos acordos contratuais ou das convenções coletivas. Conceber o direito do indivíduo como uma relação vin-

---

45. *Somme théologique*, II-II, 61, 3, resp.
46. M. Villey, *La Formation de la pensée juridique moderne*, Paris, Montchrétien, 1975, pp. 467-9. [Trad. bras. *A formação do pensamento jurídico moderno*, São Paulo, WMF Martins Fontes, 2006.]
47. "Pode acontecer que alguém cometa algo realmente injusto sem querer, quando ele [...] apoia voluntariamente a injustiça, por exemplo se dá voluntariamente a alguém mais do que lhe deve" (*Somme théologique*, II-II, 59, 3, resp.).

culada pela igualdade nos previne contra dois escolhos: subordinar o conjunto das relações sociais à preservação do bem comum ou então fazer de cada indivíduo o criador de seus direitos pela liberdade ilusória de seu consentimento.

Não obstante, a distinção entre a igualdade proporcional e aritmética não conduz Aristóteles, tampouco Tomás de Aquino, a levantar a questão decisiva: a justiça distributiva deve estar no fundamento da justiça comutativa?

A resistência do juiz

Qual é a instância que deve fazer que prevaleçam os direitos do indivíduo em face dos detentores da autoridade política, que governam a Cidade ordenando-a para o bem comum?[48] É a um magistrado subalterno, ao juiz, que compete proteger os direitos do indivíduo contra os ataques que lhe são dirigidos por uma legislação que ordena, de maneira escrupulosa, cada cidadão para o bem comum. No entanto, não se deve confundir a equidade de que o juiz dá prova na aplicação das leis civis com sua aptidão para fazer valer o direito, para defender sua jurisdição.

A questão do direito é, evidentemente, irredutível à da equidade, que supõe a adaptação da lei natural ou positiva a casos particulares contingentes: "O equitativo, mesmo sendo justo, não é o justo segundo a lei, mas um corretivo da justiça legal"[49].

---

48. *Ibid.*, I-II, 90, 3 resp.
49. *Éthique à Nicomaque*, V, 14, 1137 b, p. 267. *Somme théologique*, II-II, 120, 1 e 2. A adaptação de uma lei geral a casos particulares supõe o recurso à igualdade proporcional? (Cf. C. Castoriadis, "Valeur, égalité, justice, politique: de Marx à Aristote et d'Aristote à nous", art. cit., pp. 42-3.)

Contudo, parece que Tomás de Aquino, que enfatiza certas observações de Aristóteles, contribui para depreciar o ofício do juiz em comparação com a obra do legislador. "Os legisladores julgam para o conjunto dos casos e com vistas no futuro; ao passo que, nos tribunais, os juízes decidem casos atuais, perante os quais são influenciados pelo amor, pelo ódio, pela cupidez. É assim que o juízo deles é deturpado. Portanto, a justiça viva que é o juiz não é encontrada em muitos homens. [...] Por isso foi necessário determinar pela lei o que cumpria julgar no maior número de casos possível e deixar pouco espaço para a decisão dos homens."[50] Se nos referimos à letra das leis positivas encarregadas de promover o bem comum, ou ao espírito de equidade pelo qual a aplicação delas fica modulada, a função do juiz só pode ser suplantada pela obra do legislador, cuja inspiração primeira tenta-se reavivar. Então importa simplesmente "fazer-se intérprete do que o próprio legislador teria dito se estivesse estado presente naquele momento"[51]. Ao contrário, se pedimos ao juiz "restaurar a igualdade" de uma relação social, é precisamente porque, nesse caso, o ofício que lhe é entregue não é aplicar ou adaptar a lei, mas proteger os direitos do indivíduo. "Ir perante o juiz é ir perante a justiça, pois o juiz tende a ser como que uma justiça viva."[52] O juiz se apresenta, dessa vez, sob uma luz nova, como um derradeiro recurso em face da ameaça que o legislador pode fazer que pese sobre os direitos individuais. Sem dispor de um direito subjetivo de resistência, o juiz detém uma jurisdi-

---

50. *Somme théologique,* I-II, 95, 1, sol. 2. Cf. Aristóteles, *Rhétorique,* I, 1354 a-1354 b, pp. 17-8.
51. *Éthique à Nicomaque,* V, 14, 1137 b, p. 267.
52. *Ibid.,* V, 7, 1132 a, p. 235.

ção que lhe permite revelar a injustiça da lei natural ou positiva[53].

O direito mostra-se o objeto da virtude de justiça particular que deve habitar constantemente o juiz. Um juiz é juiz desde que seja animado por "uma vontade perpétua e constante de conceder a cada um o seu direito"[54]. Não obstante, a jurisdição do juiz se estende igualmente às determinações da lei natural. Como já observamos, as leis humanas se declinam em conclusões e determinações da lei natural. Ora, Tomás de Aquino não abandona a determinação da lei natural apenas à decisão arbitrária do legislador. Confrontada com o silêncio da lei natural, essa obra de determinação abrange uma dimensão a um só tempo moral e jurídica.

Certas proibições mostram-se conclusões da lei natural, que nos intima a não fazer o mal. Essas conclusões se apresentam como comandos morais que visam o bem da comunidade. Mas, entre elas, algumas apresentam o risco de tropeçar em exceções. Um juízo esclarecido pelo espírito de equidade deverá intervir todas as vezes que um preceito exigir uma adaptação às situações particulares[55]. Não devolver o depósito àquele que conta utilizá-lo para combater a pátria constitui uma aplicação equitativa da conclusão da lei natural, segundo a qual cumpre restituir o bem que nos foi confiado. O magistrado res-

---

53. Talvez seja essa uma das fontes da teoria protestante da resistência do "magistrado subalterno", fiel à justiça divina, apesar de sua violação pelo soberano (Q. Skinner, *Les Fondements de la pensée politique moderne*, Paris, Albin Michel, 2001, pp. 636-41). Esse direito não subjetivo de resistência reaparece no pensamento de Locke ao sabor de certo número de metamorfoses, cf. J.-F. Spitz, *John Locke et les fondements de la liberté moderne, op. cit.*, p. 19 e pp. 278-9.

54. *Somme théologique*, II-II, 58, 1, ob. 1.

55. "A sentença incide sobre casos particulares. Ora, nenhuma lei escrita pode prever todos os casos particulares, como o Filósofo o demonstra" (*ibid.*, I-II, 60, 5, ob.).

gata as intenções do legislador, sem ir contra a exigência moral que nos intima a preservar o bem comum.

No entanto, uma parte das disposições legais se apresenta como "determinações" da lei natural: "A lei de natureza prescreve que quem comete uma falta seja punido; mas que seja punido com esta ou aquela pena é uma determinação da lei de natureza."[56] Qual será, aqui, o vínculo que liga a lei natural à sua determinação?

As determinações não decorrem necessariamente de uma aplicação equitativa das conclusões da lei natural. Elas enunciam, ao contrário, uma regra que não pode deduzir-se da lei natural ou das intenções que presidiram à legislação. Não pode tratar-se de aplicar uma lei geral a uma situação particular, já que o processo de edificação da norma singular intervém precisamente na ausência de indicações manifestas da lei natural[57]. Assim, certas normas de moralidade irão se impor em virtude da singularidade de cada uma das comunidades políticas. O estudo dessas determinações da lei natural leva Tomás de Aquino a restituir certa plasticidade à natureza humana, conforme ao ensinamento aristotélico. Somente é exigido que essas normas não contravenham aos princípios da lei natural[58]. Nesse sentido, a atenção dirigida ao bem da comunidade, assim como ao caráter específico de seus costumes, presidirá à obra de "determinação". A imutabilidade da natureza humana continua sendo o princípio da identificação do melhor regime,

---

56. *Ibid.*, I-II, 95, 2, resp.

57. É necessário que uma lei seja "justa, realizável segundo a natureza e o costume do país, adaptada ao tempo e ao lugar, isso significa que a lei deverá ser adaptada à disciplina dos costumes" (*ibid.*, I-II, 95, 3, resp.).

58. "Mas a regra primeira da razão é a lei de natureza. Por isso toda lei estipulada pelos homens só tem razão de lei na medida em que deriva da lei de natureza. Se ela desvia em algum ponto da lei natural, então já não é uma lei, mas uma corrupção da lei" (*ibid.*, I-II, 95, 2, resp.).

mesmo que, segundo a diversidade das sociedades políticas, circunstâncias particulares possam restringir o grau de realização dessa natureza.

Não obstante, as determinações da lei natural podem igualmente revestir uma dimensão jurídica. Por exemplo, a determinação da pena visará simplesmente o bem da comunidade? Como observa Michel Villey, tratando-se do direito penal, "os juízes nele têm a missão de medir faltas e lhes proporcionam as penas"[59]. Mas a exigência de proporcionar a pena à falta é subordinada à forma de injustiça constatada. A injustiça supõe "uma desigualdade nos bens"[60], mas também uma violação da lei que "pode até mesmo existir mantendo objetivamente a igualdade, como no caso em que se quer obrigar pela força, mas sem sucesso"[61]. Assim, "a reparação da primeira consequência é assegurada pela restituição que restabelece a igualdade, e basta para consegui-lo que se devolva somente o que se roubou. Mas, para apagar a falta, é necessário uma punição que compete ao juiz infligir. É por isso que, enquanto não se foi condenado pelo juiz, não se é obrigado a restituir mais do que se tirou. Mas, uma vez condenado, deve-se sofrer a pena"[62]. Proporcionar a pena à falta equivale, de um lado, a restaurar a igualdade e, do outro, a estimar a importância do atentado ao bem comum a fim de avaliar a pena segundo a gravidade da falta moral. As duas formas de injustiça serão levadas em conta pelo juiz no cálculo da pena. A determinação da pena se prende, portanto, ao mesmo tempo à justiça corretiva particular e à justiça geral.

---

59. M. Villey, *Questions de saint Thomas sur le droit et la politique*, op. cit., p. 126.
60. *Somme théologique*, II-II, 62, 3, resp.
61. *Ibid.*
62. *Ibid.*

Fica claro que o direito civil abrange a um só tempo injunções de inspiração moral e preceitos jurídicos[63], ao passo que o direito das gentes, que deriva das conclusões da lei natural, reúne uma série de injunções morais que visam o bem da humanidade, que encontramos em todas as comunidades políticas[64]. Convém, então, operar uma distinção entre essas conclusões morais universais, as determinações morais ordenadas para o único bem de uma comunidade política particular e as determinações jurídicas da lei natural.

O direito de propriedade

Tomás de Aquino observa, ademais, para além dos limites atribuídos à lei natural, que a análise do direito natural também pode permanecer lacunar, reclamar um complemento. Portanto, é importante proceder ao estudo das condições pelas quais os homens conseguem aumentar o campo de aplicação desse direito. O justo por natureza pode, na realidade, ser considerado de duas maneiras distintas. Pode ser considerado "absolutamente e em si", como quando se afirma que é justo "se eu der tanto e receber o mesmo tanto", ou então ser apreendido "relativamente às suas consequências"[65]. Ora, Tomás de Aquino explica que "examinar uma coisa comparando-a com suas consequências" é uma atividade que depende da razão[66]. Toda a questão consiste em saber se essa ati-

---

63. "Quanto ao que deriva da lei de natureza a título de determinação particular, isso concerne ao direito civil", *ibid*, I-II, 95, 4, resp.
64. "Pois ao direito das gentes se vincula o que decorre da lei de natureza à maneira de conclusões vindas de princípios" (*ibid*., I-II, 95, 4, resp.)
65. *Ibid*., 3, resp.
66. *Ibid*.

vidade racional consegue estabelecer verdadeiras relações jurídicas.

A instauração da propriedade privada apresenta-se assim, para a razão, como um corolário da lei natural. A instituição da propriedade privada já não aparece, segundo a perspectiva agostiniana, como uma consequência deplorável resultante da queda, mas parece propícia à satisfação das necessidades do gênero humano. "Com efeito, ao considerar esse campo absolutamente e em si, não há nada nele que o faça pertencer a um indivíduo e não a outro. Mas, se consideramos o interesse de sua cultura ou de seu uso aprazível, é preferível que pertença a um e não ao outro."[67]

Não obstante, não é possível identificar a propriedade privada, tal como ela é deduzida, como um corolário da lei natural, com o *dominium* (o "domínio natural") sobre todas as coisas inferiores que foi dado por Deus aos homens: "O homem tem um domínio natural sobre esses bens exteriores, pois, pela razão e pela vontade, pode servir-se deles para a sua utilidade, como sendo feitos por ele."[68]

Como explicar que Tomás de Aquino recorra à noção de *dominium* natural para descrever o estado de inocência? Convém primeiro salientar que o *dominium* natural não coincide de modo algum com um direito natural qualquer, mesmo que ele possa encontrar-se justificado, a exemplo da propriedade privada, pela lei natural.

Enquanto um autor como Graciano dissociava "a posse comum", inerente ao estado de inocência, da pro-

---

67. Ibid. Cf. Aristóteles, *Les Politiques*, II, 5, 1263 a, pp. 151-2.
68. *Somme théologique*, 66, 1, resp. "Façamos o homem à nossa imagem e à nossa semelhança, e que ele mande nos peixes do mar, nos pássaros do céu, nos animais, em toda a terra, e em todos os répteis que se mexem sob o céu" (Gênese 1, 26.28-30).

priedade privada (*dominium*) relativa ao estado civil[69], Tomás de Aquino opera uma verdadeira revolução conceitual ao referir-se a um *dominium* não mais civil, mas natural. Deveremos, por essa razão, reinserir a inovação tomista na tradição, que remonta a Acúrcio e que será desenvolvida no século XIV por Bartolo, empenhada em conceber o usufruto e a propriedade como duas formas de *dominium*, um útil, o outro direto?[70]

O aporte dessa tradição jurídica, que considera que todos os *jura in re*, o usufruto bem como a propriedade, dependem do *dominium*, situa-se no estrito âmbito do direito civil. Com efeito, sustentar que o usufruto, que o direito de ocupar e de usar, aparenta-se a um *dominium* útil, equivale a conferir a esse direito uma dimensão ativa, subtraída a todo acordo prévio. O usufruto supõe, evidentemente, um controle, uma dominação sobre o bem possuído que é possível transferir ou defender em justiça[71].

O que sobra então desse *dominium* privado inerente ao usufruto, dessa dominação garantida pelo estado civil, quando o consideramos natural, inerente ao estado de inocência? Trata-se simplesmente, para Tomás de Aquino, de se projetar numa dimensão que já não é jurídica, mas que traduz a superioridade concedida ao homem por Deus sobre as coisas naturais. Tal é o resultado da criação divina, os homens dominam em comum as criaturas naturais, pois elas foram concebidas para o uso deles[72]. A dominação do homem sobre as coisas acha-se

---

69. Decreto, I, 1, 7, citado por R. Tuck, *Natural Rights Theories, op. cit.*, p. 18.
70. *Ibid.*, pp. 16-7. Bartolo define o *"dominium* direto", a propriedade, como "o direito de dispor de um objeto corporal sem outra restrição além do que a lei proíbe" (*ibid.*).
71. *Ibid.*, p. 16.
72. Sobre o poder mágico e o magnetismo natural do domador como fonte do *dominium*, cf. G. de Lagarde, *La Naissance de l'esprit laïque au déclin du Moyen Âge, op. cit.*, p. 179, nota 1.

justificada pela lei natural precisamente porque essa superioridade se insere na finalidade natural[73]. O *dominium* natural, para Tomás de Aquino, escapa à esfera do direito, é comparável ao estado de fato pelo qual o senhor (*dominus*) dispõe de seu domínio natural, de suas terras, de seus escravos[74].

A partir do momento em que nos concentramos simplesmente nesse usufruto, no poder de usar bens exteriores, apreendido como um *dominium* natural, "o homem não deve possuir esses bens como se lhe fossem próprios, mas como sendo de todos, no sentido de que deve partilhá-los de bom grado com os necessitados"[75]. Mas, se consideramos os bens exteriores segundo o poder que o homem tem de "geri-los e dispor deles", o direito de propriedade recobra toda a sua legitimidade. Com efeito, "uma coisa é dita de direito natural de duas formas. De um lado, porque a natureza inclina a isso. [...] Do outro, porque a natureza não sugere o contrário. [...] Nesse sentido, dizem que 'a posse comum de todos os bens e a liberdade idêntica para todos são de direito natural'; isso quer dizer que a distinção das posses e a servidão não são sugeridas pela natureza, mas pela razão dos homens para o bem da vida humana. E, mesmo nisso, a lei de natureza não é modificada, a não ser por adição"[76].

A propriedade privada não é, portanto, contrária à lei natural, "ela se lhe acrescenta por uma precisão devida à razão humana"[77], o que implica que ela pertence "ao direito das gentes". Tomás de Aquino explicita assim sua

---

73. *Somme théologique*, I, 96, 1, resp., e 4, resp.
74. R. Tuck, *Natural Rights Theories, op. cit.*, p. 10.
75. *Somme théologique*, II-II, 66, 2, resp. Cf. I, 98, 1, sol. 3.
76. *Ibid.*, I-II, 94, 5, sol. 3.
77. *Ibid.*

concepção do direito das gentes com a ajuda de uma definição do jurisconsulto Gaio: "O que a razão natural estabelece em todos os homens, o que todas as nações observam, chamamo-lo o direito das gentes."[78] Nesse sentido, como vimos, o direito das gentes, apesar de sua adoção unânime pelas nações, não depende de uma forma qualquer de consentimento.

Segundo Tomás de Aquino, o direito das gentes já não pode coincidir com um direito natural decadente[79]. É em virtude de uma análise racional referente à eficácia da cultura ou ao "pacífico uso" de um campo, que um direito de propriedade sobre um lote, o poder exclusivo de geri-lo e de dispor dele pode ser atribuído.

Não obstante, a propriedade privada é legitimada pela lei natural ou pelo direito? Se a instituição da propriedade procede de uma conclusão racional da lei natural, não devemos estimar que apenas uma determinação jurídica pode presidir à distribuição das propriedades?

De qual legitimidade dispõem os homens uma vez que se apropriam dos bens de maneira privativa? Como vimos, Tomás de Aquino legitima a propriedade privada pela consideração do bem comum da humanidade. É conveniente, porém, dissociar a questão da legitimidade da propriedade privada daquela que se reporta à distribuição dos bens exteriores. Se conseguirmos estabelecer que a apropriação privativa é uma coisa legítima, sempre faltará determinar as modalidades segundo as quais os bens exteriores serão recebidos em partilha. A conclusão racional que autoriza a repartição dos bens deverá, pois, traduzir-se em preceitos jurídicos, em regras inerentes às relações sociais vinculadas pela igualdade. Os bens exte-

---

78. *Ibid.*, 58, 3, resp.
79. Cf. J.-M. Aubert, *Le Droit romain dans l'œuvre de saint Thomas, op. cit.*, p. 117.

riores serão, portanto, atribuídos segundo as regras que emanam da justiça particular, distributiva ou comutativa, de sorte que a alocação das propriedades não terá de se proporcionar com o bem comum.

Apesar de alguma flutuação no emprego das expressões "direito natural" e "lei natural", esse texto de Tomás de Aquino nos permite resgatar três níveis distintos de análise: o *dominium* natural, a justificação da propriedade privada pela lei natural e a repartição jurídica dos bens privativos.

Não obstante, o poder sobre as coisas conferido ao indivíduo pela propriedade privada não deixa de estar estreitamente enquadrado pela moral, o abastado deve ser animado pela virtude da justiça: "O rico não é injusto, quando, sendo o primeiro a apoderar-se da posse de um bem que era comum na origem, ele participa dele com os outros."[80]

No entanto, a disparidade dos patrimônios entre o rico e o pobre nos põe diante de um caso hipotético excepcional, em que a moral vai conseguir irrigar o direito. "Segundo a ordem natural estabelecida pela providência divina, os seres inferiores são destinados a suprir às necessidades do homem. Eis por que os bens que alguns possuem em superabundância são devidos, de direito natural, à alimentação dos pobres."[81] Os bens deste mundo devem, de todo modo, ser ordenados para as necessidades primordiais dos homens, bem como para o bem comum da sociedade. A posse comum originária permite restaurar um "direito natural latente"[82] que fundamen-

---

80. *Somme théologique*, II-II, 66, 2, sol. 2.
81. *Ibid.*, II-II, 66, 7, resp. Cf. M. Villey, *Leçons d'histoire de la philosophie du droit, op. cit.*, p. 216.
82. J.-M. Aubert, *Le Droit romain dans l'œuvre de saint Thomas, op. cit.*, p. 118.

ta a legitimidade do direito de necessidade. "Se, entretanto, a necessidade é sobremaneira urgente e evidente que manifestamente cumpra socorrer essa necessidade premente com os bens que são encontrados [...] então alguém pode licitamente suprir à sua própria necessidade com o bem alheio, tomado abertamente ou em segredo."[83] Em certas situações excepcionais, o comunismo originário, próprio do estado de inocência, é, portanto, restaurado[84]. De maneira paradoxal, a moral assegura o ressurgimento de um direito natural até então enterrado sob o direito civil, o que permite uma nova repartição das riquezas. Essa redistribuição das propriedades fundamenta-se aqui apenas numa exigência moral, até mesmo humanitária; ainda não decorre da pregnância da justiça distributiva no seio do estado de necessidade.

Enquanto a caridade se torna um direito para os pobres, ela se impõe aos ricos como um dever. Mas, se a esmola se apresenta como um direito, é porque o estado de necessidade não restaura só a liberdade subjetiva de mendigar[85].

---

83. *Somme théologique*, II-II, 66, 7, resp.
84. G. de Lagarde, *La Naissance de l'esprit laïque au Moyen Âge*, Nauwelaerts, IV, 1962, p. 210.
85. J. Dunn, *Justice and Locke's Political Theory, op. cit.*, p. 81. R. Tuck, *Natural Rights Theories, op. cit.*, p. 53.

Capítulo III
O advento do direito subjetivo: Guilherme de Ockham

A discussão sobre a pobreza

Segundo Tomás de Aquino, a liberdade depende da lei natural e não parece pertencer à ordem do direito[1]. Mas, embora não exista nenhum direito natural à liberdade, Tomás de Aquino considera que o domínio que exercemos sobre os nossos atos pode, sob certas condições, ser estendido às coisas. Essa extensão do campo de nosso domínio supõe que o poder que se tem sobre a coisa seja de direito, que proceda de uma repartição igual. Se a liberdade de que disponho me confere um poder originário sobre meus atos, o poder sobre as coisas jamais é imediato, depende de uma concessão divina ou de uma relação jurídica. Mas, a partir do momento em que um indivíduo é reconhecido como possuidor de uma coisa, ele detém a faculdade moral, colocada sob a autoridade da razão, de usá-la. Além das relações que mantenho comigo mesmo ou com os outros, a partilha das coisas chega igualmente a despertar uma faculdade moral, ou seja, o exercício de uma liberdade regida por normas racionais, no princípio das disposições virtuosas.

---

1. *Somme théologique*, I-II, 94, 5, sol. 3.

Enquanto o poder de dispor de seus bens, reconhecido ao indivíduo, é enquadrado pela moral, falta compreender de que maneira um poder de agir pôde transformar-se em direito, independentemente de qualquer relação de igualdade. Como esse poder moral que emana do indivíduo poderá ser concebido como um direito? O direito subjetivo será fundamentado, autorizado ou simplesmente proclamado pela lei?

Essa mutação decisiva do conceito de direito se consumou no momento em que a discussão consagrada à pobreza evangélica foi investida pela metafísica nominalista. A controvérsia que incide sobre a interpretação da pobreza reivindicada por Cristo[2] envenena as relações entre o papa João XXII e um componente da ordem franciscana: os "espirituais". Por uma fidelidade intransigente ao voto de pobreza imposto pela ordem, estes últimos defendem a tese segundo a qual Cristo não era proprietário dos bens que usava, pois esse estatuto corresponde a um modo de vida moralmente inferior, indigno do Salvador. Certos discípulos da ordem de São Francisco se esforçam, pois, em renunciar ao direito de propriedade para si mesmos, sem que isso resulte, não obstante, numa reforma social, numa contestação dos títulos de propriedade de que se aproveitam os abastados.

Essa aspiração à pobreza evangélica traduz a vontade de superar as consequências da queda original, de recobrar o estado de inocência que precede a instituição da propriedade. Em contraposição à posição tomista, a instituição da propriedade não se mostra uma consequência racional do *dominium* natural concedido a todos, mas, no prolongamento da concepção agostiniana, um aci-

---

2. "Se quiserdes ser perfeito, ide, vendai o que tendes e o dai aos pobres" (Mateus 19, 21; Lucas 18, 18-23; Marcos 10, 17-22).

dente desastroso ligado à história da queda³. Segundo os espirituais, a única maneira de resgatar a inocência e a pobreza evangélica consiste em reivindicar um uso dos bens exteriores renunciando ao mesmo tempo a deter qualquer direito de propriedade sobre essas coisas. Trata-se então de estender a validade do que já se impunha no estado de necessidade, de extrapolar a partir de uma situação excepcional. Assim como o estado de necessidade se mostra uma restauração do estado de inocência em que tudo volta a ser comum, uma vez que as necessidades imperiosas de cada um são ameaçadas, esses franciscanos aspiram a reabilitar essa condição em que se podia usar esses bens sem ser proprietário deles⁴.

Mas essa aspiração vai ser contestada por João XXII, cuja convicção é marcada pela doutrina tomista⁵. Segundo a posição oficial do papa, a propriedade não depende exclusivamente do direito positivo⁶; basta, para ter um direito, usufruir um bem que foi objeto de uma partilha justa. Os espirituais consideram, ao contrário, que as instituições humanas não somente protegeram e sancionaram a divisão das propriedades, mas também, originariamente, a instauraram⁷.

A pretensão franciscana à pobreza, que consiste em privilegiar o uso dos bens exteriores para melhor depreciar o direito de propriedade que se poderia reivindicar a

---

3. *Cité de Dieu, op. cit.*, XV, 4; *Libre arbitre, op. cit.*, I, 12, p. 419.
4. G. de Lagarde, *La Naissance de l'esprit laïque au déclin du Moyen Âge, op. cit.*, p. 212.
5. "A bondade primeira de um ato moral resulta do objeto que lhe convém [...] ela consiste, por exemplo, em usar o que se possui" (*Somme théologique*, I, II, 18, 2, resp.).
6. Ockham, *Court Traité du pouvoir tyrannique*, III, 15, trad. fr. J.-F. Spitz, Paris, PUF, 1999, pp. 223-4.
7. G. de Lagarde, *La Naissance de l'esprit laïque au déclin du Moyen Âge, op. cit.*, p. 211.

respeito deles, depara com dificuldades quase insuperáveis: será possível usar perpetuamente uma coisa, ou consumir bens consumíveis, sem ser realmente proprietário deles?[8]

É empenhando-se em defender esse voto de pobreza, que supõe a dissociação entre o uso de uma coisa e o direito de propriedade detido sobre ela, que Guilherme de Ockham vai elaborar a noção de direito subjetivo. "Dizer, de fato, como faz João XXII, que [...] não é possível distinguir entre o uso e o domínio senhorial (*dominium*) entendido como propriedade, é uma heresia manifesta."[9]

Segundo Ockham, a posse de um mesmo bem pode ser encarada sob dois ângulos diferentes. À primeira vista, é manifesto que todos os homens receberam a permissão de desfrutá-los por intervenção de uma concessão divina. O direito do céu (*jus poli*) gratifica cada homem, em virtude da superioridade natural, que sua razão lhe confere, de poder desfrutar os bens exteriores e consumi-los[10]. Os franciscanos reivindicam simplesmente a detenção desse *dominium* natural sobre as coisas, que almejam exercer em comum[11] a fim de suspender os efeitos devastadores da queda original, que forçou os homens a desfrutar o poder deles sobre as coisas de maneira privativa[12]. A apropriação privada é apenas uma das

---

8. Sobre a questão do usufruto dos bens fungíveis, cf. Tomás de Aquino, *Somme théologique*, II-II, 78, 1.

9. *Court Traité du pouvoir tyrannique*, III, 9, p. 212.

10. "*Jus autem poli non est aliud quam potestas conformis rationi rectae*" (*Opus nonaginta dierum*, cap. 65), M. Villey, *La Formation de la pensée juridique moderne, op. cit.*, p. 251; M. Bastit, *Naissance de la loi moderne, op. cit.*, p. 251.

11. É importante operar uma distinção entre o uso em comum de bens pertencentes a todos, relativo ao estado de inocência, e a propriedade coletiva tal como foi particularmente adotada pela ordem dominicana. Sobre a contradição inerente à noção de propriedade coletiva aplicada ao estado de inocência, cf. Locke, *Second Traité du gouvernement civil*, V, 25.

12. *Court Traité du pouvoir tyrannique*, III, 7, p. 207. Cf. M. Bastit, *Naissance de la loi moderne, op. cit.*, pp. 272-3.

maneiras pelas quais podemos exercer nosso *dominium* natural[13], cada um é, portanto, perfeitamente livre para renunciar a ele. Depois da queda, cada homem recebeu, de fato, em virtude do *jus poli*, um poder de apropriação ajustado ao estado de decadência.

Em compensação, se paramos de apreender a posse de um bem segundo o *jus poli*, mas nos referimos ao "direito da praça pública (*jus fori*)", este pode ser visto como um direito subjetivo de propriedade, como um "poder de usar a coisa (*jus utendi*); garantido por uma aptidão para defender essa posse em justiça, tal como é outorgada por uma lei humana[14]. Enquanto a sanção do direito do céu é deixada ao arbítrio divino, o *jus fori* é verdadeiramente protegido por sentenças executórias, garantidas por força pública. O direito, apreendido nessa nova acepção, não coincide, pois, com uma mera permissão de usar, resultante de uma repartição justa, mas se apresenta como um poder exclusivo sobre uma coisa, preservado por uma lei positiva e cuja violação é acompanhada de sanções. No âmbito do *jus fori*, cada indivíduo vê, pois, reconhecido seu poder de exigir a proteção de seus bens perante um tribunal[15]. Ninguém deve, portanto, dispor do direito de se opor aos poderes que foram legalmente concedidos.

Enquanto Tomás de Aquino considera que o *dominium* natural e o direito natural pertencem a duas ordens independentes, segundo Ockham o direito subjetivo de propriedade provém da maneira pela qual o *dominium*

---

13. *Ibid.*, p. 274.
14. *"Jus utendi est potestas licita utendi re extrinseca, qua quis sine culpa et absque causa rationabili privari non debet invitus, et si privatus fuerit, privantem poterit in judicio convenire"* (*Opus nonaginta dierum*, cap. 2).
15. *Opus nonaginta dierum*, cap. 6, citado por M. Bastit, *Naissance de la loi moderne, op. cit.*, p. 262.

natural de cada um sobre as coisas foi modificado, por uma série de leis positivas, num poder privativo de desfrutar seu bem e defendê-lo na justiça. Embora o direito positivo não seja natural, porquanto procede de uma lei positiva, ele deriva, ainda assim, de um poder natural de dominação que Deus concedeu a cada homem em virtude de seu ser racional[16].

Portanto, fica evidente, segundo Ockham, que a licença conferida aos franciscanos, de usar bens consumptíveis ou de obter o usufruto de bens imóveis, é perfeitamente conciliável com a aspiração deles a se abster de toda forma de propriedade. Cristo e os apóstolos não renunciaram ao ato de usar uma coisa exterior, como alojar-se, nutrir-se, vestir-se, mas simplesmente ao poder, concedido por uma lei positiva, de trocar ou de alienar esses bens. Ao passo que a licença é revogável pelo doador, o direito é irrevogável sem o consentimento do titular.

A moral nominalista

Fica claro, então, que a elaboração do conceito de direito objetivo decorre das premissas metafísicas do nominalismo. Ockham se empenha, de fato, em salientar o caráter puramente nominal da categoria aristotélica de relação[17]. Essa categoria já não é um gênero do ser; encontramos, no real, apenas substâncias singulares abso-

---

16. "Tanto o domínio comum a todo o gênero humano quanto esse poder de apropriação das coisas temporais foram introduzidos pelo direito de Deus, por uma concessão particular de Deus" (*Court Traité du pouvoir tyrannique*, III, 7, p. 208). Segundo R. Tuck, a dimensão ativa do direito não estaria vinculada à integração da noção de poder na esfera jurídica, como sugere M. Villey, mas aos recursos do conceito de *dominium* (*Natural Rights Theories, op. cit.*, p. 23).

17. *Somme logique*, trad. fr. J. Biard, Mauvezin, Ed. TER, 1993, I, cap. 49.

lutas, suas diferentes formas de relação não poderiam constituir realidade nenhuma, mas encontram-se simplesmente conotadas por termos, signos relativos. Portanto, não existe nenhuma ordem natural, que pudéssemos depreender, cujo ser se sobreporia aos elementos ordenados[18]. A concepção, que se encontra no fundamento da moral tomista, de uma ordem natural ligada pela finalidade, de uma relação racional dos atos dos homens com os fins de sua natureza, é diretamente recusada por Ockham.

A primazia conferida por Tomás de Aquino à ordem natural, à esfera das causas instrumentais e secundárias, equivaleria, de fato, a minar a onipotência de Deus. Se Ockham adota a distinção tomista entre a potência absoluta de Deus e sua potência ordenada[19] é para melhor subvertê-la do interior[20]. Não é possível subordinar a vontade de Deus à ordem do bem, ela é absolutamente insondável para a luz natural. Os milagres, meros objetos de crença, trazem a prova de que Deus pode suspender a ordem das causas naturais e secundárias a todo instante. A providência de Deus no mundo não se exerce de maneira imanente conduzindo os seres para o fim atribuído pela natureza deles, mas o domínio de sua potência absoluta é tamanho que cada coisa natural se reduz ao estado presente de sua vontade, a cada instante ela é passível de uma criação ou de uma aniquilação fulminante[21].

O reconhecimento da potência absoluta de Deus permite, portanto, libertar o indivíduo das formas despersonalizantes que o encerram – a ordem natural das cau-

---

18. *Sentences*, I, dist. XXX, qu. 1; *Quodlibeta*, VII, qu. 13.
19. *Somme théologique*, I, 25, 5, sol. 1.
20. *Quodlibeta*, VI, qu. 1.
21. *Sentences*, I, dist. II, qu. 5. Cf. P. Alféri, *Guillaume d'Ockham, le singulier*, Paris, Minuit, 1989.

sas finais, as formas substanciais secundárias: o cidadão, o animal racional. Na medida em que cada criatura está em comunicação direta com uma potência absoluta, ela atinge uma existência realmente singular, subtraída à ordem hierarquizada dos fins que lhe impõe uma natureza impessoal. A liberdade radical que o indivíduo desfruta fica indemonstrável, é um simples objeto de fé.

Mas Deus, dada sua potência absoluta, submetida unicamente ao princípio de contradição, detém o poder de tornar a vontade humana indiferente a todo fim. Torna-se inconcebível afirmar que a vontade humana tende naturalmente para realizar os fins inerentes à sua natureza. Não se pode confiar nas tendências imanentes que animam a vontade de uma alma racional a fim de descobrir a natureza do bem que lhe convém.

Segundo Ockham, o princípio de uma ação moral reside apenas na liberdade absoluta da vontade, em sua indiferença a qualquer fim natural. A concepção tomista do livre-arbítrio, que assegura a conciliação entre a independência da vontade na escolha dos meios e a inclinação racional direcionada a um fim, deve, portanto, ser refutada. Tampouco se pode afirmar que o homem exerce seu livre-arbítrio em virtude de sua atividade racional, que lhe confere o poder de tender, por seu próprio movimento, para o fim que lhe é atribuído[22].

Mas a exaltação de uma liberdade individual, indiferente a qualquer fim, torna paradoxalmente impossível a identificação de um bem que conviria à natureza humana. Pois Ockham se esforça, de fato, em separar as distinções morais de toda ordem natural, em lhes retirar qual-

---

22. "Os próprios seres dotados de razão se movem para o fim porque eles governam seus atos pelo livre-arbítrio [...]. Portanto, é próprio da natureza racional tender para um fim como agente autônomo e dirigindo-se por si só para esse fim [...]" (*Somme théologique*, I-II, 1, 2, resp.).

quer enraizamento ontológico. Enquanto, segundo Tomás de Aquino, o bem de um indivíduo se manifesta pela expansão do ser: "O bem e o mal na ação resultam [...] da presença ou da ausência da plenitude do ser que lhe convém."[23] O bem sempre traduz a expansão do ser inerente ao indivíduo que se esforça em cumprir os fins de sua natureza.

Ora, no âmbito da moral nominalista, o bem não corresponde a nenhuma realidade em expansão, mas se reduz a um simples conceito que conota certo tipo de atos. Um ato pode ser concebido como bom desde que seja conforme à prescrição de uma vontade exterior[24].

Reconheceremos a sombra trazida pela concepção agostiniana do pecado original à doutrina de Ockham. A vontade humana, em razão de sua corrupção original, é desprovida de qualquer inclinação natural para o bem, ela requer simplesmente, para se redimir, a coação exercida por um comando. A liberdade de indiferença, garantida a cada homem pela potência absoluta de Deus, aliena-se, mal é reconhecida, na obrigação moral que lhe é imposta. Esse tema da inelutável alienação de uma vontade que dispõe, por si mesma, de um direito sobre todas as coisas será evidentemente retomado por Hobbes, para quem toda vontade absoluta deve, o mais rapidamente possível, alienar-se numa vontade ordenada[25].

Nossa liberdade não se afirma, portanto, em nossa capacidade de depreender a racionalidade imanente às nossas inclinações naturais, manifesta-se, ao contrário,

---

23. *Ibid.*, I-II, 18, 2, resp.
24. *Sentences*, Prólogo, 1, 2, BB, citado por G. de Lagarde, *La Naissance de l'esprit laïque au déclin du Moyen Âge*, op. cit., 1946, VI, p. 50.
25. Cf. A. de Muralt, *La Structure de la philosophie politique moderne*, "Souveraineté et pouvoir", *Cahiers de la Revue de théologie et de philosophie*, 1978, n.º 2, p. 21 e p. 26, nota 1.

em nossa aptidão para romper com elas, a fim de nos submeter melhor aos mandamentos divinos. A moral nominalista chega, pois, à conclusão de que o "bem expressa simplesmente o encontro entre um ser livre e um preceito exterior"[26].

Os preceitos promulgados por Deus não são de modo algum marcados de uma necessidade que emanaria da essência divina, permanecem radicalmente arbitrários, expressando simplesmente o estado atual de sua vontade. Num texto célebre, Ockham salienta, assim, que o ódio ao próximo, o roubo, o adultério, poderiam constituir atos meritórios se Deus o decidisse, dada a sua potência absoluta. Assim também, se, de acordo com a religião revelada, o amor a Deus deve ser o fim cabal da humanidade, essa potência absoluta poderia conduzir a vontade humana a uma total indiferença acerca dos diversos meios para alcançar esse fim[27]. A teleologia natural já não está, portanto, no princípio da moralidade, já não se trata de identificar as diferentes virtudes ou disposições que chegam a realizar os fins da natureza humana.

Se a vontade humana é, por si só, indiferente a qualquer fim, unicamente um mandamento imposto do exterior pode fixar as condições do ato moral. Portanto, o ato moral está separado, pela potência absoluta de Deus, das tendências do agente, ele supõe a imposição a uma vontade livre e indiferente de um mandamento transcendente. Segundo Ockham, o princípio de obrigação moral decorre apenas do mandamento divino e não da

---

26. G. de Lagarde, *La Naissance de l'esprit laïque au déclin du Moyen Âge*, *op. cit.*, p. 55.

27. *Sentences*, IV, qu. 14. "Se alguém vem a mim, e não odeia o pai e a mãe, a mulher, os filhos, os irmãos e as irmãs, e mesmo sua própria vida, ele não pode ser meu discípulo" (Lucas 14, 26). Cf. Suarez, *De legibus*, II, 6, 4, p. 430.

bondade intrínseca do fim atribuído por ele. Os preceitos do Decálogo só são bons porque foram prescritos e não impostos em razão da bondade deles[28]. A lei natural já não é a regra racional inerente a uma inclinação natural, mas parece coincidir com um mandamento divino positivo. A imutabilidade da lei natural depende da constância do decreto divino.

Mas Ockham vai imprimir a essa reflexão moral uma inflexão decisiva. Seria errôneo estimar que ele se dedica a reduzir a moralidade natural a uma soma de mandamentos divinos arbitrários. Pois é precisamente em nome de uma injunção divina que os homens são forçados a submeter sua vontade aos mandamentos que emanam da reta razão deles. O critério da moralidade natural se torna assim formal, a matéria do ato realizado não concorre em absoluto para a sua virtude. O que importa é que esse ato manifesta uma subordinação infalível à reta razão[29]. Quer o homem subordine sua vontade aos mandamentos divinos ou aos imperativos da reta razão, a moralidade de sua ação reside estritamente nesse ato formal de submissão, independentemente do conteúdo da ação realizada. "O homem virtuoso é o homem que decide de uma vez por todas amar a Deus acima de todas as coisas, ou obedecer cegamente às ordens da reta razão."[30]

---

28. *Sentences*, III, dist. 37, qu. 4; II, qu. 19, sols. 3 e 4. Segundo Tomás de Aquino, é somente se nos referirmos ao direito positivo que podemos afirmar, em certos casos, que uma coisa não é má porque proibida. Em compensação, segundo a lei natural, "o pecado é sempre mau porque proibido" (*Somme théologique*, I-II, 71, 6, sol. 4).

29. *Sentences*, III, qu. 12, 111, citado por G. de Lagarde, *La Naissance de l'esprit laïque au déclin du Moyen Âge, op. cit.*, p. 75, nota 57. Talvez devamos ver aí uma das fontes da célebre análise proposta por Kant em *Fundamentos da metafísica dos costumes*?

30. G. de Lagarde, *La Naissance de l'esprit laïque au déclin du Moyen Âge, op. cit.*, p. 78.

Compreende-se assim que a lei natural, concebida como o conjunto dos imperativos da razão humana, não seja atingida por uma contingência superior àquela da natureza humana. A lei natural corresponde a um estado arbitrário da vontade divina, que se impõe absolutamente enquanto Deus não se resolve a criar uma nova natureza humana[31].

O nominalismo de Ockham concede, então, à razão humana uma autonomia superior àquela conferida pela moral tomista, que a subordina à primazia de uma ordem natural dotada de uma finalidade latente. Ockham pode, assim, rematar a reviravolta de perspectiva já iniciada, afirmando que os imperativos da reta razão constituem o cerne da lei divina positiva. A evidência racional inerente às injunções da reta razão consegue reforçar os mandamentos positivos que provêm simplesmente de uma revelação expressa. Os preceitos divinos corroborados pela reta razão são absolutos e imutáveis, comuns a todas as nações, ao passo que os que retiram sua legitimidade de sua mera promulgação sofrem certo número de exceções[32].

Essa nova concepção da moral vai permitir restringir-lhe o campo de aplicação e aumentar, em comparação com a moral tomista, o campo dos atos indiferentes."Todo ato individual proveniente de uma deliberação da razão é necessariamente bom ou mau."[33] Segundo Ockham, ao contrário, existem atos racionais moralmente indiferentes. O ato moral se concentra na intenção de obedecer à reta razão. Não importa somente considerar que os atos exteriores são moralmente indiferentes para

---

31. *Ibid.*, pp. 113-4.
32. *Ibid.*, p. 138.
33. Tomás de Aquino, *Somme théologique*, I-II, 18, 9, resp. Mas "outros atos [...] são indiferentes segundo seu gênero; a lei tem a função de permiti-los" (*ibid.*, 92, 2, resp.).

privilegiar os atos interiores da vontade, mas trata-se também de reconhecer que uma intenção como a de dar uma esmola só reveste uma dimensão moral por sua submissão ao imperativo da razão. Tal restrição do campo de aplicação dos imperativos morais, dos preceitos da lei natural, não favorece a subordinação das leis positivas à moral. As situações hipotéticas em que se poderia declarar uma lei positiva injusta porque infringe, de maneira manifesta, um mandamento moral, parecem excepcionais[34]. A extensão do campo dos atos indiferentes vai, portanto, aumentar a autonomia do direito positivo em relação à esfera moral.

A dedução do direito subjetivo

É no âmago do silêncio dos mandamentos divinos positivos ou dos imperativos raciocinais, inaptos para dirimir o conjunto dos litígios inerentes à vida social, que o homem descobre a soberania de que é portador: "O direito divino e natural confere aos homens o poder de estabelecer juízes e governadores que possuem o poder de coagir aqueles que lhes são sujeitos."[35] O direito subjetivo de Deus concede, pois, a cada indivíduo, fiel ou infiel[36], por uma delegação de soberania, o poder de instituir uma jurisdição temporal[37]. A relação imediata que cada

---

34. G. de Lagarde, *La Naissance de l'esprit laïque au déclin du Moyen Âge*, op. cit., pp. 156-7 e 171-2.
35. *Court Traité du pouvoir tyrannique*, III, 11, p. 215; IV, 10, p. 257.
36. "O duplo poder que acabamos de tratar (a saber, o poder de se apropriar das coisas temporais e de estabelecer governadores dotados de jurisdição) é dado por Deus de maneira imediata, não somente aos fiéis, mas igualmente aos infiéis" (*Court Traité du pouvoir tyrannique*, III, 8, p. 210; IV, 10, p. 258).
37. "No tocante à jurisdição temporal considerada em sua acepção própria [...] que significa um poder de governar e de coagir os outros na medida em são sujeitos" (*ibid.*, III, 11, p. 214).

indivíduo mantém com a potência absoluta de Deus o investe legitimamente de uma parcela de soberania, de um poder constituinte[38].

O "poder de se apropriar das coisas temporais" e o "poder de estabelecer uma jurisdição", autorizados pelo direito do céu, parecem, portanto, proceder de uma fonte comum, o *dominium*, a dominação natural que cada homem exerce sobre seus próprios atos[39]. A partir daí, o direito é inerente ao sujeito, é a expressão do poder natural de sua vontade, de sua liberdade de indiferença[40].

A rejeição da categoria da relação invalida também qualquer dedução do direito a partir da igualdade imanente a uma relação social. Segundo Ockham, se a relação fosse real, sobreposta às entidades que ela une, ela poderia então ser estabelecida independentemente destas[41]. Da mesma forma que a paternidade poderia ser concedida a um homem que nunca gerou, ou o estatuto de escravo outorgado a um senhor, a igualdade se imporia independentemente dos sujeitos postos em relação. A igualdade atuante numa relação social já não encontraria seu fundamento nos direitos individuais cujas relações convém ajustar a partir apenas do consentimento das partes. Apenas os poderes jurídicos que emanam dos indivíduos podem ser objeto de uma correlação exterior, inspirada pela exigência de reciprocidade. Ora, se-

---

38. "O 'direito subjetivo' é um produto da onipotência divina. [...] Deus concedeu a todos os homens o *dominium*, ou dominação sobre as criaturas inferiores" (M. Villley, *Le Droit et les droits de l'homme*, Paris, PUF, 1983, p. 123).

39. "Existe uma distinção entre o domínio senhorial próprio e o poder de se apropriar das coisas temporais [...] assim também, entre o poder de estabelecer uma jurisdição e essa própria jurisdição" (*Court Traité du pouvoir tyrannique*, III, 9, p. 211).

40. Segundo a formulação de M. Villey, a invenção do direito subjetivo equivale a "desnaturar a relação em poder unilateral" (*Essais de philosophie du droit, op. cit.*, p. 156).

41. *Somme de logique, op. cit.*, cap. 50, pp. 166-7.

gundo Tomás de Aquino, sempre é, ao contrário, a partir da relação existente entre bens exteriores que se consegue apreender uma relação social entre dois indivíduos. A relação entre os bens exteriores não é estritamente representativa, é independente do consentimento das partes, mas ancorada numa relação de igualdade objetiva.

Enquanto, segundo a perspectiva tomista, sempre é a partir de uma repartição igual dos bens que um indivíduo se vê dotado de uma capacidade efetiva de agir, a ancoragem do direito subjetivo no *dominium* natural autoriza Ockham a fazer do indivíduo, por si só, um sujeito de direito. O direito já não é concebido como uma relação entre indivíduos, pela qual se tenta igualar as relações entre as pessoas pela repartição dos bens exteriores. Mas o direito é diretamente inferido da vontade de um indivíduo, indiferente a qualquer fim. A ordem social é, portanto, reconstruída a partir de uma soma de domínios individuais, de direitos subjetivos, cuja coexistência o poder temporal tenta assegurar. A justiça de uma relação social se reduz ao consentimento das partes ou aos juramentos de fidelidade a que elas se prestam[42].

Assim, a soberania política já não se impõe naturalmente para orientar uma multidão desunida para a busca do bem comum, mas procede do consentimento pelo qual homens reunidos transferem a autoridade de que foram investidos por Deus. "O poder de criar leis e direitos humanos de início pertenceu essencialmente ao povo. Depois, o povo transferiu esse poder de fazer leis [...]."[43] Estabelece-se assim uma correlação essencial entre o ad-

---

42. Segundo M. Villey, o advento do direito subjetivo traduz "o espírito dos homens da Idade Média", as aspirações da sociedade feudal (*La Formation de la pensée juridique moderne, op. cit.,* p. 266; G. de Lagarde, *La Naissance de l'esprit laïque au déclin du Moyen Âge, op. cit.,* VI, pp. 200-2).

43. *Court Traité du pouvoir tyrannique*, III, 14, p. 222.

vento do direito subjetivo e a possibilidade de sua transferência[44]. Isso atesta, como veremos, que a resistência do indivíduo não chega realmente a se assentar no alicerce do direito subjetivo.

A autoridade política instituída tem, assim, direito de legislar, de recorrer ao artifício da lei positiva, para operar a partilha das propriedades[45]. A autoridade edificada por convenção promulga leis, que permitem a cada indivíduo gozar de direitos subjetivos, de determinados poderes garantidos pela força pública[46].

Assim começa a esboçar-se a virada a cujo termo a lei já não será apreendida como uma colocação em ordem racional, mas como o que emana do poder de uma autoridade superior. O direito objetivo, o conjunto das leis positivas, já não tem por vocação preservar as relações de igualdade que devem reger as relações sociais, mas importa, a partir de então, garantir aos indivíduos os poderes aos quais aspiram. Assim também, a justiça legal já não se dedica somente à preservação do bem comum, a promulgar leis que permitam aos cidadãos realizar os fins de sua natureza, mas provê igualmente à utilidade comum que procede do consentimento de todos[47]. A utilidade comum já não se deduz da consideração dos

---

44. Assim como a vertigem provocada pela liberdade de indiferença conduz a curvar-se aos mandamentos divinos ou às injunções da razão, cada indivíduo aliena a parcela de soberania que possui a uma autoridade política (cf. A. de Muralt, *La Structure de la philosophie politique moderne, op. cit.*, pp. 56 e 79-80). Cf. Grócio, *Le Droit de la guerre et de la paix*, trad. fr. P. Pradier-Fodéré, Paris, PUF, 1999, I, 3, 8, 1-2, pp. 99-100.

45. *Court Traité du pouvoir tyrannique*, III, 15, p. 225.

46. Temos de constatar o contraste entre a colação gratuita do poder de instituir chefes e a necessidade da instituição da propriedade em razão da queda (cf. G. de Lagarde, *La Naissance de l'esprit laïque au déclin du Moyen Âge, op. cit.*, IV, pp. 222-3).

47. Sobre a possível indiferença do consentimento de todos acerca do bem comum como um prolongamento da indiferença do indivíduo para com fins de sua natureza, cf. *ibid.*, VI, p. 202.

fins que são inerentes à natureza humana, mas é relativa aos diferentes poderes que os indivíduos aspiram a proteger juridicamente. A busca do bem comum já não é o fundamento exclusivo da autoridade política. É impressionante constatar que os homens trabalham, com o poder de seu consentimento, para a edificação da ordem social, na medida em que deixam de ser ordenados para o bem que lhes é próprio. Tal é a conclusão a que chegará Rawls: apenas um homem racional, indiferente a qualquer fim, pode trabalhar, com o poder de seu consentimento, para a edificação de uma ordem justa.

Mas, uma vez que indivíduos consentem livremente em edificar uma jurisdição temporal encarregada de prover à utilidade comum, eles são obrigados, em nome da "equidade natural", ditada pela reta razão, a respeitar suas promessas[48]: "Não é universalmente verdade que toda coisa que nasce de certas causas também é dissolvida por essas mesmas causas. E, é claro, isso não é verdade quando se trata das relações de domínio de senhoria porque, pela simples expressão da vontade, alguém pode sujeitar-se à dominação de outra pessoa, ao passo que não lhe é possível dissolver essa mesma sujeição por sua única vontade."[49] Embora a transferência de soberania que decorre do consentimento do povo não seja uma simples alienação, Ockham vai enquadrar essa delegação de poder em estritos limites. O príncipe que recebeu o direito de comandar em virtude de um contrato não pode ser privado dele sem seu assentimento[50]. Não obstante, o povo detém o poder ocasional de depor um príncipe cuja conduta fosse imoral ou que não se curvas-

---

48. *Court Traité du pouvoir tyrannique*, IV, 10, p. 258.
49. *Ibid.*, IV, 13, p. 263.
50. G. de Lagarde, *La Naissance de l'esprit laïque au déclin du Moyen Âge*, *op. cit.*, VI, p. 207.

se aos imperativos de sua função, destinada a preservar a utilidade comum[51]. Mas os cidadãos não podem reivindicar nenhum direito de resistência diante de uma autoridade política que provê à utilidade comum, garante os direitos subjetivos de todos, mesmo tolerando repartições desiguais de bens.

Com Ockham, o direito subjetivo ainda não é natural, é sempre outorgado por um ato de instituição humana ou divina. Mas nem por isso o direito deixa de ser subjetivo, inerente ao sujeito, ao seu poder natural; sem ser fundamentado por uma lei positiva, divina ou humana, ele é simplesmente autorizado por ela. O direito já não é simplesmente o que é devido, torna-se uma qualidade moral, um poder lícito, a liberdade de agir em função de uma determinada lei[52].

A ruptura moderna se cumprirá realmente quando o direito subjetivo for inferido apenas da natureza humana, reconduzida ao seu estado de "pura natureza". Mas, no intervalo, a difusão do nominalismo vai contribuir para o desenvolvimento de uma doutrina moderna do direito natural, concebido como o sistema das leis naturais. A natureza separada do indivíduo vai encontrar-se no princípio da dedução de uma soma de preceitos morais modificada em sistema de regras jurídicas[53]. Por conseguinte, antes mesmo da intervenção da lei positiva, a lei natural consegue assegurar a fundação do direito subjetivo, concebido como uma faculdade moral.

---

51. *Court Traité du pouvoir tyrannique*, VI, 6 e 13. É nessa perspectiva que Ockham apareceu como um dos iniciadores da concepção de um direito de resistência não subjetivo, cf. Q. Skinner, *Les Fondements de la pensée politique moderne, op. cit.*, pp. 534 e 538.

52. G. de Lagarde, *La Naissance de l'esprit laïque au déclin du Moyen Âge, op. cit.*, p. 167.

53. M. Villey, *La Formation de la pensée juridique moderne, op. cit.*, p. 270.

Capítulo IV
Suarez: a fundação do direito natural subjetivo

O estado de "pura natureza"

A teoria da distinção formal, estabelecida por Escoto[1], exacerbada pela concepção nominalista, da potência absoluta de Deus, permite a formulação de um princípio de grande valor heurístico. Tudo o que é concebido como formalmente distinto pode existir separadamente em virtude da potência absoluta de Deus[2].

A transposição desse princípio epistemológico no campo político vai conduzir Suarez a levantar uma questão de alcance considerável. Uma vez que o homem é um animal social que não pode existir fora da Cidade, será possível conceber um "estado de pura natureza", formalmente distinto do estado civil?

Esse estado de pura natureza deve ser concebido independentemente da separação entre o estado de inocência e o estado de decadência, iniciada pela teologia

---

1. *Opus oxoniense*, II, dist. II, qu. 1. A distinção formal vai tornar-se uma ferramenta usual na idade clássica, cf. Descartes, *Méditations métaphysiques, méditation sixième*, p. 487; *Réponses aux premières objections*, p. 539, ed. Alquié, II, Paris, Classiques Garnier, 1996.
2. Cf. A. de Muralt, *La Structure de la philosophie politique moderne, op. cit.*, p. 45.

cristã. O recurso à teoria da distinção formal deve permitir apreender a humanidade num estado em que tudo o que se aparenta com a revelação se encontra posto de lado, a narrativa da queda bem como a perspectiva da redenção.

A invocação da potência absoluta de Deus nos leva a elaborar uma ficção, que suspende o acontecimento histórico da revelação divina para considerar o homem uma simples criatura racional[3]. O estado de pura natureza se impõe para além da natureza decaída ou de uma "sobrenatureza" qualquer, trata-se de estudar o homem em sua perfeição natural intrínseca[4]. Segundo Suarez, é importante simplesmente compreender que Deus poderia ter criado a natureza do homem sem a ordenar para um fim sobrenatural, mesmo que isso seja dado como impossível[5]. A afirmação, corrente na idade clássica, do caráter hipotético do estado de natureza encontra aqui sua fonte[6]. Nesse contexto, certas descrições pagãs do estado de natureza poderão recuperar sua legitimidade. A concepção estoica que postula um homem social e racional[7] se imporá em detrimento da descrição epicurista que toma por modelo a "vida errante dos animais"[8].

---

3. J. Terrel, *Les Théories du pacte social*, Paris, Le Seuil, 2001, pp. 33-4.

4. "Cajetan e alguns teólogos mais recentes consideraram que havia, além do '*status viae*' e do '*status patriae*', um terceiro 'estatuto' que nomearam 'estatuto da pura natureza', e que, embora na verdade jamais tenha existido, ao que se pode supor, pode, entretanto, ser pensado como possível; é até mesmo necessário considerá-lo com vistas à inteligência dos outros, pois esse estatuto constitui, por assim dizer, o fundamento deles" (*De gratia*, Prol. IV, c. 1, n. 2, citado por J.-F. Courtine, *Nature et empire de la loi*, *op. cit.*, p. 53, nota 3).

5. J.-F. Courtine, *Nature et empire de la loi*, *op. cit.*, p. 54.

6. Cf. A. de Muralt, *La Structure de la philosophie politique moderne*, *op. cit.*, pp. 46-8

7. Sêneca, *Lettres à Lucilius*, trad. fr. H. Noblot, Paris, Robert Laffont, 1993, 90, 3-6, pp. 903-4.

8. Lucrécio, *De la nature*, trad. fr. J. Kany-Turpin, Paris, GF, 1998, V, 925 ss.; Cícero, *De inventione*, I, 2, citado por R. Tuck, *Natural Rights Theories*, *op. cit.*, p. 33.

O homem em sua condição natural não é um ser associal, mas é, ao contrário, apto para a vida comunitária[9]. Compreende-se, então, que essa distinção formal entre o estado de natureza e o estado civil foi preparada pela doutrina tomista da lei natural que postula a transcendência de uma natureza humana, dotada de inclinações racionais, em comparação com a sociedade política. O homem transcende a sociedade política porque foi criado sociável por natureza.

A lei natural: um comando da razão

Portanto, Suarez vai esforçar-se para identificar "a lei da pura natureza"[10]. Essa dedução da lei natural, a partir do estado de pura natureza, leva-o a se distanciar da concepção tomista. Segundo Suarez, a dedução tomista da lei natural não se alicerçou na apreensão da verdadeira condição natural do homem[11]. A análise tomista é dependente de uma definição da lei "excessivamente ampla e geral", segundo a qual "a lei é certa regra e medida que prescreve a alguém fazer algo ou o dissuade de fazê-lo[12]. Nessa perspectiva, "a lei abarcaria não só os homens ou as criaturas racionais, mas também o conjunto das outras criaturas" submetidas à necessidade natural que resulta da providência divina[13]. Mesmo que Tomás de

---

9. "A comunidade natural [é] formada por todos os que se acordam unicamente por sua natureza racional, tal é a comunidade do gênero humano que existe entre o conjunto dos homens" (*Des lois et du Dieu législateur*, trad. fr. J.-P. Coujou, Paris, Dalloz, 2003, I, VI, 18, p. 178).
10. Suarez, *Des lois et du Dieu législateur (De legibus), op. cit.*, I, III, 13, p. 123.
11. R. Tuck, *Natural Rights Theories, op. cit.*, p. 55.
12. Suarez, *De legibus*, I, I, 1, p. 91.
13. *Ibid.*, pp. 91-2.

Aquino saliente que toda inclinação natural "[...] pode ser chamada de lei [...] a título de participação", porque ela supõe ordenação para um fim[14], segundo Suarez a designação da propensão natural recorrendo ao conceito de lei só pode ser metafórica[15].

Uma vez isolado o estado de pura natureza, fica evidente que a lei natural não pode ser inferida de uma ordem natural regida pela finalidade divina, mas que procede unicamente da natureza humana apreendida em sua dimensão moral, em sua capacidade de se submeter livremente a um comando[16].

Em nome da nova concepção da moralidade elaborada pelo pensamento nominalista, segundo a qual o ato moral supõe o encontro de uma vontade livre e de um comando, Suarez tem de constatar a dívida impensada que vincula a análise tomista à herança estoica. Enquanto a lei natural fosse deduzida da razão imanente que insufla a ordem do mundo, a descoberta de sua especificidade não poderia intervir[17]. A imanência da lei natural representa uma ameaça para a liberdade humana. Suarez remata, assim, o movimento, iniciado por Ockham, que visa separar radicalmente a ordem natural, governada da melhor maneira por uma necessidade final, e a esfera da lei natural, que confronta o homem com os deveres que lhe são atribuídos.

---

14. *Somme théologique*, I-II, 90, 1, sol. 1.
15. *De legibus*, I, I, 2, p. 92.
16. "Os animais e os bichos não são, propriamente falando, capazes da lei, visto que não fazem uso da razão e da liberdade, não tendo, assim, condições de se aplicar à lei natural, a não ser segundo um significado metafórico" (*ibid.*, I, 3, 9, p. 120).
17. "Cícero pensa [...] que a lei propriamente dita é unicamente a que reside na razão, ao passo que a lei promulgada publicamente por escrito é dita lei unicamente segundo um senso comum. Desse modo, ele dá acima de tudo o nome de lei suprema ao espírito divino, e, em segundo lugar, à razão que existe no espírito do sábio" (*ibid.*, I, 2, 7, p. 106).

Portanto, Suarez tem condições de levantar, em toda a sua acuidade, a questão que incide sobre a legalidade da lei natural. Será permitido considerar que "a lei natural não é chamada de lei com um rigor igual àquele com que denominamos lei o conceito geral de um superior?[18] Essa interrogação crucial induz Suarez a operar uma distinção particularmente fecunda. A lei natural nos revela a norma do bem e do mal tal como está inscrita na natureza humana, mas a obrigação de que ela é portadora encontra sua fonte no comando de um superior, pois ela "reveste a força de uma ordem de Deus"[19]. Assim, "a razão natural indica o que é bem ou mal para a natureza racional; Deus, não obstante, como criador e soberano dessa natureza, ordena fazer ou abster-se de fazer o que a razão manda fazer ou abster-se de fazer"[20]. A legalidade da lei natural e a obrigação que ela impõe procedem, portanto, do comando de um superior.

Deveremos, por isso, considerar, a exemplo de Guilherme de Ockham, que afora o mandamento divino todos os atos seriam moralmente indiferentes, que um ato só é bom porque é prescrito? Será apenas a vontade de Deus que constitui a bondade ou a malignidade do ato? Mesmo que Suarez se insira na esteira da tradição nominalista e se empenhe em dissociar estritamente a ordem da causalidade natural da esfera moral, ele recusa submeter as normas morais à arbitrariedade de uma potência insondável. Suarez renuncia a sustentar, segundo a inspiração ockhamiana, que "as ações só são boas ou más na medida em que são prescritas ou proibidas por

---

18. *Ibid.*, II, 6, 7, p. 435.
19. *Ibid.*, p. 436; II, 6, 11, p. 439.
20. *Ibid.*, II, 6, 8, p. 436. "O ato humano contrário à natureza racional não teria essa inadequação se admitíssemos a hipótese segundo a qual Deus não o proibiria" (*ibid.*, II, 6, 17, p. 446).

Deus"²¹. Embora reconheça que a vontade divina é dotada de uma liberdade absoluta²², não se arrisca a deduzir disso a arbitrariedade dos preceitos divinos. Como Deus criou o homem como um animal social, não é concebível que os princípios de moralidade inscritos na razão humana se revelem fermentos de discórdia, de falta de sociabilidade²³.

Mas Suarez se esforça em descobrir uma via intermediária, já que é impossível, ao contrário, negar à lei natural a sua dimensão "prescritiva" para conceder-lhe simplesmente o título de "lei indicativa do que é preciso cumprir ou abster-se de fazer, daquilo que é por sua natureza intrinsecamente bom e necessário ou intrinsecamente mau"²⁴. Suarez salienta assim, para melhor se distanciar dela, a célebre hipótese à qual chegou outra tradição de pensamento: "Gregório de Rimini, seguido por outros, afirma que, mesmo que Deus não existisse, mes-

---

21. *Ibid.*, II, 6, 4, p. 431. "Essa é a posição de Guilherme de Ockham. Ele afirma que nenhum ato é maldoso exceto se foi proibido por Deus; não há ato maldoso que não possa tornar-se bom se Deus o prescreve e vice-versa" (*ibid.*). Cf. *ibid.*, II, 15, 3-4, pp. 555-7.
22. *Ibid.*, II, VI, 23, p. 450.
23. "A vontade divina, se bem que seja absolutamente livre exteriormente, no entanto, uma vez realizado um ato livre determinado, ela pode ser obrigada a realizar outro ato. Assim, se ela quer prometer no absoluto, fica obrigada a cumprir o que foi prometido. E se ela quer falar ou revelar, deve necessariamente revelar a verdade. Da mesma maneira, se ela quer criar o mundo e preservá-lo conformemente a um fim determinado, ela não pode parar de governá-lo com sua providência" (*ibid.*, II, VI, 23, p. 450). O ato pelo qual Deus criou a natureza moral do homem não exerce coerção nenhuma sobre a vontade divina, mesmo que não a deixe indiferente. Suarez propõe uma solução (da qual Leibniz se lembrará), segundo a qual a vontade prescritiva de Deus na origem da obrigação moral é determinada pela vontade criadora antecedente (cf. R. Sève, *Leibniz et l'école du droit naturel, op. cit.*, p. 47). "Uma vez suposta a vontade de criar a natureza racional provida de um conhecimento suficiente para fazer o bem ou o mal com o concurso divino suficiente para as duas coisas, Deus não deixou de querer proibir a essa criatura os atos intrinsecamente maus nem de querer prescrever os atos honestos necessários" (*ibid.*, pp. 450-1; *De legibus*, I, 9, 3, p. 214).
24. *De legibus*, II, 6, 3, p. 428.

mo que não fizesse uso da razão [...] e que no homem esse próprio comando da reta razão fosse dado – prescrevendo, por exemplo, que é errado mentir –, ele teria a mesma razão de lei que tem atualmente, já que ele constituiria uma lei ostensiva da malícia existente intrinsecamente no objeto."[25] O bem e o mal, na medida em que são somente conhecidos pela razão, não podem constituir por si sós princípios de ação. Embora continue conforme à natureza do homem buscar o bem e evitar o mal, a ideia de uma natureza humana investida por uma dinâmica que a orientaria naturalmente para o bem já não é concebível. Toda dedução da lei natural a partir de uma finalidade imanente parece alterar a forma da obrigação que lhe é própria. A dimensão essencial da lei consiste doravante em "uma ordem e um mandamento"[26]. A subordinação da vontade humana aos imperativos divinos constituirá o único princípio da obrigação moral, o vínculo intimado pela finalidade natural é suspenso. A lei de natureza já não se aparenta com uma lei cosmológica, portanto ela não é natural "porque sua realização é natural, ou seja, efetiva-se necessariamente como a inclinação natural dos bichos e das coisas animadas, mas porque essa lei é certa propriedade da natureza e porque o próprio Deus a introduziu na natureza"[27]. Nesse sentido, a lei permanece natural uma vez que sua promulgação resulta da inscrição de um mandamento divino inscrito na razão humana[28].

---

25. *Ibid.*, p. 429. Hipótese famosa que Grócio evocará ao mesmo tempo que se aliava à posição defendida por Suarez (*Le Droit de la guerre et de la paix*, Prolégomènes, XI, p. 12; cf. R. Sève, *Leibniz et l'école du droit naturel, op. cit.*, pp. 37-9).
26. *De legibus*, I, II, 6, p. 105. "A lei não somente esclarece, mas também faz mover-se e cria um impulso" (*ibid.*, I, 4, 7, p. 136).
27. *Ibid.*, I, III, 10, p. 121.
28. "Portanto, a própria luz natural constitui por si uma promulgação suficiente da lei natural. E isso não porque ela põe em evidência a conformida-

Essa lei natural se distingue então da lei divina revelada. O homem pode apreender as injunções da lei natural pelo simples uso da razão, enquanto o teor da revelação excede suas faculdades de ser racional. A lei natural permanece, assim, prescritiva, uma vez que traduz a conjunção da obrigação, cujos portadores são os mandamentos divinos, com o que é intrinsecamente bom ou mau para a nossa natureza tal como foi criada. A lei natural já não procede de uma inclinação natural, mas supõe um comando da razão: tais são "os primeiros princípios gerais da moral, como: é preciso ser honesto e abster-se do mal. Não faça ao próximo o que não quererias que te fizessem"[29].

A faculdade moral

Portanto, é a partir dessa concepção prescritiva da lei natural, indissociável do reconhecimento da natureza moral do homem, que Suarez vai proceder à dedução do direito subjetivo. Daí em diante, o direito subjetivo já não provém simplesmente de uma lei positiva e civil, mas, prolongando a inovação nominalista, ele parece engastado na lei natural, ela mesma inserida na razão humana: "Essa diferença entre o direito prescritivo e o direito dominativo (*jus dominativum*) consiste no fato de que o primeiro se compõe de regras ou de princípios do agir bem que implicam uma verdade necessária [...], ele se fundamenta na retidão ou na malevolência intrínseca de seu objeto. O direito dominativo, em contrapartida, é

---

de ou a desconformidade intrínsecas aos atos que a luz incriada de Deus mostra, mas também porque ela inculca nos homens que as ações contrárias desagradam ao autor da natureza [...]" (*ibid.*, II, VI, 24, p. 452).
29. *Ibid.*, II, 7, 5, p. 460.

apenas o objeto de outro direito prescritivo."[30] Esse direito subjetivo ou dominativo, concebido como o objeto da lei natural prescritiva, é definido como uma "faculdade moral": "Direito às vezes significa a faculdade moral de alguma coisa (*ad rem*) ou sobre alguma coisa (*in re*)."[31] O direito subjetivo designa, pois, "um poder moral particular que todos possuem sobre o que é seu ou sobre o que lhe é devido. De fato, dizemos que o proprietário de uma coisa tem direito sobre ela e que o trabalhador tem direito ao seu salário, e assim afirmamos 'que ele merece seu salário'"[32].

Assim, Suarez parece ser um dos primeiros pensadores a reconhecer a existência de um direito subjetivo ou dominativo natural. Nesse sentido, "a comunidade dos bens também faria parte, segundo certo modo, desse domínio humano em virtude do direito natural, se nenhuma repartição das coisas tivesse sido instituída. Os homens teriam um direito positivo e efetivo ao uso dos bens comuns"[33]. Esse domínio natural dos bens comuns se apresenta como uma faculdade moral, pois supõe a obediência a certas regras que decorrem da lei natural: "Não proibir a ninguém, nem tornar difícil o uso necessário dos bens comuns."[34] Suarez opera, portanto, uma ruptura de alcance considerável com a tradição tomista, já que o *dominium* natural exercido em comum sobre as coisas se encontra reinserido na ordem do direito.

Da mesma forma, essa liberdade natural que Tomás de Aquino excluía da esfera do direito aparece desde en-

---

30. *Ibid.*, II, 14, 16, p. 545.
31. *Ibid.*, II, 17, 2, p. 597. Suarez endossa aqui, explicitamente, a distinção oriunda do direito romano entre o *jus ad rem* e o *jus in re* (R. Tuck, *Natural Rights Theories, op. cit.*, p. 14).
32. *De legibus*, I, 2, 5, p. 104.
33. *Ibid.*, II, 14, 16, p. 545.
34. *Ibid.*, II, 14, 19, p. 547.

tão como o objeto de um domínio individual, de um direito subjetivo natural: "A liberdade pertence ao direito natural positivamente e não só negativamente, porque a própria natureza conferiu ao homem um verdadeiro domínio sobre a sua liberdade."[35] Como vimos, se a liberdade é concedida pela lei natural para Tomás de Aquino, é "de maneira negativa, porque a natureza não sugere o contrário"[36]. Ora, segundo Suarez, a liberdade original que está no fundamento da destinação moral do ser humano, de sua aptidão para obedecer, torna-se, de certa forma, o objeto de um direito natural subjetivo. Mas convém não confundir esse direito subjetivo com uma mera licença, uma vez que não existe direito subjetivo que seja independente de uma prescrição da lei natural. O direito dominativo, embora não seja diretamente inferido da natureza do homem, no entanto vincula-se a ela pela mediação de uma lei inserida em sua razão.

Direito subjetivo e justiça legal

Se o exercício de um direito, apreendido como uma faculdade moral, supõe o encontro de uma vontade livre e de um preceito[37], o direito subjetivo pode ser conferido por uma lei natural bem como por uma lei positiva.

Quais serão as modificações que podemos trazer ao direito natural dominativo? O direito de usar coisas de modo privativo não pode ser diretamente inferido do *do-*

---

35. *Ibid.*, II, 14, 16, p. 545.
36. *Somme théologique*, II-II, 66, 2, resp.
37. "O efeito próprio da lei consiste em estabelecer um vínculo e uma obrigação moral. Em consequência, os únicos seres capazes disso são os seres racionais, não na totalidade de seus atos, mas unicamente no tocante aos atos que realizam livremente" (*De legibus*, II, 2, 11, p. 383).

minium natural. Como a propriedade privada poderá tornar-se um direito, quando ela não é objeto de nenhuma prescrição da lei natural?

Entre os preceitos da lei natural, Suarez dissocia os preceitos positivos, que proíbem ou prescrevem, dos preceitos simplesmente negativos pelos quais a lei natural tolera uma ação sem se pronunciar positivamente sobre ela[38]. O homem detém toda a liberdade de modificar o direito natural subjetivo, na medida em que nenhuma lei natural se oponha a essa transformação. A delimitação dos bens comuns em propriedades privadas, provocada por novas condições de vida, não vai de encontro à lei natural[39].

Assim também, "pelo próprio fato de o homem ser dono de sua liberdade, ele pode vendê-la ou aliená-la"[40]. Suarez se expõe, assim, a uma dificuldade com que Locke se baterá diretamente. Até que ponto o domínio de que dispomos sobre a nossa liberdade permitirá aliená-la sem arruinar o fundamento de nossa existência moral? O reconhecimento da lei moral é subordinado à liberdade originária usufruída pelos homens[41]. Como explicar então que o homem livre, que exerce um domínio sobre seus atos, possa tornar-se dono de sua liberdade? Tornamos a encontrar, assim, essa correlação essencial, já salientada, entre o advento do direito subjetivo e sua inevitável transferência.

---

38. "Uma coisa pode ser de direito natural de duas maneiras, ou seja, negativa e positivamente. Dizemos que ela o é negativamente quando o direito natural não proíbe, mas tolera, mesmo que não prescreva nisso de uma maneira positiva. Ao contrário, quando ele prescreve algo, dizemos que é um preceito positivo de direito natural, e quando o proíbe, dizemos que é positivamente contra o direito natural" (*ibid.*, II, XIV, 14, p. 543).

39. "Por isso a repartição das coisas não vai de encontro ao direito natural positivo, uma vez que não existia nenhum preceito natural o proibindo" (*ibid.*, II, 14, 14, p. 543).

40. *Ibid.*, II, 14, 18, p. 547.

41. "Toda moralidade depende da liberdade" (*ibid.*, II, 2, 11, p. 383).

Mas quais serão as modalidades jurídicas necessárias para tornar legítimas essas modificações do direito dominativo? "A liberdade e qualquer direito civil, mesmo que tenham sido outorgados positivamente pela natureza, podem ser mudados pelo homem, porque, em cada pessoa, seu exercício depende não só de sua própria vontade, mas também do Estado."[42] Compete unicamente ao direito civil proceder à divisão das propriedades ou limitar a liberdade de cada um[43].

A lei humana deve se moldar, no teor do que ela prescreve, aos princípios da moralidade dispensados pela lei natural "já que nenhum ser inferior pode estabelecer uma obrigação contrária à lei e à vontade de seu superior; mas uma lei que prescreve um ato maldoso vai de encontro à lei de Deus que o proíbe"[44]. Uma lei humana contrária aos mandamentos inscritos na razão natural jamais poderá, pois, guardar um poder de obrigação.

Suarez reconhece, porém, a exemplo de Tomás de Aquino, que não é possível deduzir todas as leis civis da lei natural. Distingue igualmente, no seio dos preceitos da lei de natureza, as determinações e as conclusões. Entre as leis civis, algumas elaboram um direito novo, enquanto outras são simplesmente declarativas, transcrevem os preceitos da justiça natural. As conclusões da lei natural não manifestam, como vimos, nenhum conteúdo jurídico, elas não possibilitam, assim, a instauração de uma partilha justa dos bens. Embora a repartição igual dos bens e a instituição da propriedade privada não sejam deduzidas da lei natural, esta obriga, todavia, o respeito dos direitos de propriedade delimitados pelo direi-

---

42. *Ibid.*, II, 14, 19, p. 547.
43. "As leis civis podem mudar ou transferir o direito dominativo por uma razão legítima" (*ibid.*, II, XIV, 19, p. 547).
44. *Ibid.*, I, 9, 4, p. 215.

to civil[45], proibindo o roubo e a apropriação do bem alheio.

Ao contrário, as determinações trazem um conteúdo jurídico que não se conclui da lei de natureza, pois "é certo que a lei civil não se deduz, por assim dizer, especulativamente dos primeiros princípios da lei natural e segundo uma conclusão absoluta. Mas é apresentada pela vontade do soberano sob a modalidade de uma determinação"[46].

A determinação resultará então de uma decisão arbitrária do legislador? Suarez vai operar uma distinção particularmente fecunda entre o conteúdo das disposições legislativas e o que ele denomina razão ou justiça da lei[47]. Para que uma lei fique de acordo com a razão, "não basta que seu conteúdo seja honesto, é preciso que observe igualmente uma forma justa e razoável"[48].

Para promulgar uma lei segundo uma forma justa, é preciso, salienta Suarez, reunir algumas condições: "A primeira corresponde à justiça legal à qual compete por direito buscar o bem comum. [...] A segunda corresponde à justiça comutativa segundo a qual o legislador não deve prescrever mais do que lhe é possível. [...] A terceira forma de justiça corresponde à justiça distributiva, igualmente necessária na lei porque, prescrevendo à multidão,

---

45. "Seja qual for o grau segundo o qual a instituição da propriedade não é prescrita pelo direito natural, contudo, uma vez estabelecida e uma vez repartidos os bens, o direito natural proíbe o roubo ou a apropriação do bem alheio" (*ibid.*, II, 14, 17, p. 546).
46. *Ibid.*, II, 7, 5, p. 460.
47. "Portanto, é evidente que o que é apresentado a uns e aos outros é a razão da lei, porquanto, como afirma São Paulo: '*Sabemos que o que a lei enuncia é destinado àqueles que lhe são submetidos.*' Logo, a lei implica essencialmente uma relação determinada com aqueles a quem ela se impõe, e, por conseguinte, é necessário explicar os limites dessa relação para desenvolver-lhe a razão" (*ibid.*, I, 6, 1, p. 163).
48. *Ibid.*, I, 9, 12, p. 223.

ela distribui, por assim dizer, um encargo entre as diferentes partes da comunidade conforme o bem delas."[49]

Suarez toma cuidado em dissociar essas normas formais da justiça, que definem a razão da lei, das normas materiais ou morais dispensadas pela lei da natureza. Em que sentido será concebível dissociar a moralidade da lei das exigências da justiça legal?

Como indicamos, não é crível, segundo Tomás de Aquino, que uma lei conforme à honestidade não seja, ao mesmo tempo, ordenada para o bem comum. Dado que o bem moral individual e o bem comum permanecem indissociáveis, é inconcebível que uma lei civil possa visar o bem moral do homem sem que combine com o bem da comunidade. Ora, operando uma distinção entre a matéria e a razão da lei, Suarez estima que pode sobrevir um conflito entre o bem moral individual e o bem comum. Uma lei moral, se bem que prescreva uma ação conforme à natureza racional do homem, poderia, nessa hipótese, ir de encontro às exigências da justiça geral. Segundo ele, parece possível prescrever, de maneira injusta, coisas por outro lado conformes à lei natural. Mas, nessa nova perspectiva, somente a justiça legal se choca contra a esfera moral, e não a justiça particular, garante das relações de igualdade imanentes às relações sociais.

Qual será a concepção do bem comum que autoriza tal conjetura? Unicamente a consideração de um interesse comum tem condições de entrar em conflito com o bem moral individual. Suarez reforça assim essa nova concepção da justiça legal, vislumbrada por Ockham, que se separa do bem comum para melhor preservar o interesse de todos.

---

49. *Ibid.*, I, 9, 13, p. 223.

Se uma lei só pode ser justa com a condição de se ordenar para o interesse comum, Suarez salienta, como vimos, que ela deve respeitar a forma da justiça distributiva[50]: "A lei é normalmente apresentada à comunidade considerada não coletivamente, mas distributivamente, ou seja, para que todos e cada um, na medida em que constituem a comunidade, se moldem a ela segundo uma divisão de acordo com a condição da lei."[51] A dimensão distributiva da lei civil está na origem da nova relação moral que une os cidadãos.

O vínculo moral que une os sujeitos não provém somente do império da lei natural que estabelece uma verdadeira comunidade entre os homens[52]. A "comunidade política ou mística [é] unida moralmente em congregação por intermédio de vínculos específicos"[53]. A lei distributiva, que se dirige aos sujeitos através da singularidade de seus direitos subjetivos, institui, entre eles, uma correlação moral, pois ela os submete igualmente à lei que emana de um superior. Segundo Suarez, é importante estabelecer a existência de uma nova forma de relação moral que já não vincula os indivíduos coletivamente ao bem comum segundo uma finalidade natural, mas que os apreende distributivamente segundo a singularidade de seus direitos subjetivos. Uma lei civil geral institui uma relação moral entre os sujeitos, pois estabelece uma correlação entre seus direitos subjetivos, em

---

50. "A terceira forma de justiça corresponde à justiça distributiva, igualmente necessária na lei porque, prescrevendo para a multidão, ela distribui, por assim dizer, um encargo entre as diferentes partes da comunidade segundo o bem delas. É por isso que é preciso observar nessa distribuição uma igualdade proporcional que compete à justiça distributiva" (*ibid.*, I, IX, 13, pp. 223-4).
51. *Ibid.*, I, 6, 17, p. 178.
52. *Ibid.*, I, 6, 18, p. 178.
53. *Ibid.*

virtude da autoridade superior de que emana[54]. Esse vínculo moral se instaura quando indivíduos que dispõem de direitos subjetivos se submetem livremente à lei que provém de uma autoridade superior.

A lei civil já não se pauta, pois, por um bem comum que lhe é preexistente, por uma relação moral entre o indivíduo e a comunidade, mas ela estabelece um vínculo, que garante o interesse comum, entre os direitos de cada um. Embora Suarez conceda à análise tomista que o bem comum "não depende da intenção do legislador", ele parece, não obstante, resultar da coordenação que a lei civil impõe aos poderes morais de cada indivíduo[55]. O interesse comum provém, portanto, da supremacia pela qual uma autoridade soberana consegue assegurar a coexistência entre os direitos subjetivos segundo uma lei geral.

A concepção da justiça legal proposta por Suarez aparece no princípio de uma nova forma de confusão entre a esfera moral e a ordem do direito. A justiça particular se esvai em proveito unicamente da justiça legal, concebida como a relação moral que uma lei geral institui entre direitos subjetivos. Esse vínculo moral, constitutivo da ordem jurídica, repousa na obediência a comandos positivos[56].

Reencontramos assim a concepção já defendida por Ockham, segundo a qual os "atos indiferentes" constituem o campo próprio da lei positiva. Nessa ordem de

---

54. "O preceito legal como tal requer necessariamente um poder superior daquele que prescreve sobre aquele a quem se dirige o preceito" (*ibid.*, I, 8, 3, p. 202). "Um homem qualquer não pode prescrever a outro homem, nem um igual (para dizê-lo assim) obrigar um igual" (*ibid.*, p. 203).
55. *Ibid.*, I, 7, 9, p. 192. M. Bastit, *Naissance de la loi moderne, op. cit.*, pp. 321-2.
56. "A lei positiva, no sentido próprio, é aquela que acrescenta uma obrigação à margem do que a natureza intrínseca do objeto exige" (*De legibus*, II, 6, 7, p. 461).

realidade, na qual as coisas não são intrinsecamente nem boas nem más, "o ato se torna bom a partir da eficácia e da finalidade da lei"[57]. Suarez transpõe, pois, para o campo jurídico a moral nominalista que supõe a submissão de uma vontade livre à autoridade de uma instância superior. Uma vez que a lei positiva emana da autoridade de um superior, ela parece dotada de um terrível poder de criação dos valores, na origem da instituição de um interesse comum.

Enquanto na análise tomista o correlato do bem comum era o bem moral individual, a partir daí o corolário da utilidade comum é um ato moralmente indiferente, ele supõe a proteção dos direitos individuais. A defesa, axiologicamente neutra, do direito subjetivo reveste então uma dimensão moral.

A análise do interesse comum abandona a questão da igualdade imanente às relações sociais para se consagrar à defesa dos direitos subjetivos. Os direitos do indivíduo deverão doravante se pautar pela utilidade comum e não mais pelo que é devido a cada indivíduo, em virtude de uma relação ligada pela igualdade. Essa nova concepção da justiça legal abole a um só tempo a consideração do bem moral imanente ao indivíduo, assim como a atenção à repartição dos bens exteriores que decorrem de uma relação jurídica.

---

57. *Ibid.*, I, 9, 5, p. 216.

Capítulo V
Grócio: uma nova concepção da justiça comutativa

"O direito propriamente dito"

Na obra de Grócio, a exigência de uma distribuição igual dos bens exteriores já não constitui uma questão jurídica; na melhor das hipóteses, apresenta-se como um problema moral. Grócio vai arrematar o movimento de desconstrução da justiça particular propondo uma nova análise da justiça comutativa. Na esteira de Suarez, Grócio define o direito subjetivo como "uma qualidade moral, ligada ao indivíduo, para possuir ou fazer de forma justa alguma coisa"[1]. Ele especifica, entretanto, que nem toda qualidade moral constitui um "direito propriamente dito"[2]. Um homem não pode exigir um direito de propriedade pela única razão que o merece[3], ele pode simplesmente aspirar a ele. O direito, compreendido

---

1. Grócio, *Le Droit de la guerre et de la paix, op. cit.*, I, I, IV, p. 35 (referência abreviada como *DGP* nas notas seguintes).
2. *DGP*, Prolégomènes, VIII, p. 11.
3. "Mas um verdadeiro direito de propriedade, e por conseguinte a obrigação de dar reparação, não decorre da simples *aptidão*, que é impropriamente denominada *direito*, e que é objeto da justiça *atributrice*; porque uma coisa não pertence a alguém pela razão de que ele é capaz de tê-la" (*DGP*, II, XVII, II, 2, p. 416; II, XXII, 16, pp. 539-40).

num sentido estrito⁴, não procede do mérito moral. "Nós não separamos com menos cuidado o que é de direito estrita e propriamente dito, donde nasce a obrigação de restituir, do que é dito ser de direito, porque agir de maneira diferente é contrariar algum outro princípio da reta razão."⁵

É preciso distinguir a faculdade, que é "uma qualidade moral perfeita", da "aptidão"⁶. A faculdade confere um poder de agir na justiça, ao passo que a aptidão designará, por exemplo, a aspiração dos particulares a um governo capaz de gerir os bens públicos com sabedoria⁷. A faculdade é um direito enquanto a aptidão é apenas "a ocasião de adquiri-lo"⁸. Nesse sentido, apenas a faculdade pode sofrer um dano que é "o fato de *ter a menos*; ele consiste no fato de alguém ter menos do que o que lhe pertence"⁹. O dano requer a detenção de um direito e nunca pode afetar uma mera aspiração articulada ao mérito[10].

Essa demarcação entre o mérito e o direito já está presente no pensamento de Aristóteles, as considerações relativas ao mérito moral são vinculadas à justiça geral, enquanto a identificação dos direitos do indivíduo concerne à justiça particular. Como vimos, a distribuição dos cargos públicos segundo o mérito de cada um se vincula

---

4. *DGP*, Prolégomènes, XLI, p. 23.
5. *Ibid.*
6. *DGP*, I, I, IV, p. 36.
7. *DGP*, Prolégomènes, X, p. 11.
8. *DGP*, II, XX, II, 2, p. 450.
9. *DGP*, II, XVII, II, 1.
10. *DGP*, Prolégomènes, X, p. 11. Leibniz observará que a função das leis positivas consiste precisamente em superar essa estrita demarcação entre a aptidão e a faculdade: "[...] na república as leis políticas, que propiciam a felicidade aos sujeitos, e habitualmente fazem com que os que têm somente uma aptidão adquiram uma faculdade, ou seja, possam exigir o que é equitativo que os outros lhes forneçam" (*Code diplomatique du droit des gens (1693), Le droit de la raison*, Vrin, 1994, p. 164).

ao bem comum, reporta-se à justiça distributiva geral. Uma distribuição dos poderes que se revele não conforme ao bem comum não atentará em nada contra os direitos dos indivíduos, ameaçará somente a prosperidade da comunidade.

Em compensação, segundo Aristóteles, a justiça distributiva particular visa a igualdade proporcional entre os cidadãos, por meio de uma distribuição dos bens públicos efetivada segundo as "respectivas contribuições dos membros da comunidade"[11]. Os indivíduos podem reivindicar seus direitos, exigindo que a repartição dos bens exteriores seja conforme à igualdade proporcional. Essa forma de justiça distributiva, distinta da repartição dos poderes segundo o mérito, depende da justiça particular. A justiça comutativa, destinada a regular as trocas segundo a igualdade, repousa na distribuição realizada pela justiça particular, ela supõe, de fato, que cada um seja o justo proprietário de seus bens.

Aristóteles e Grócio consideram, portanto, que no sentido estrito o mérito não confere direito algum aos indivíduos. Apesar dessa aparente convergência de opiniões, Grócio salienta, distanciando-se de Aristóteles, que "a justiça *expletrice* [a justiça comutativa][12], de fato, não difere da *atributrice* [a justiça distributiva] pelo uso dessas diferentes proporções, mas pela matéria sobre a qual ela se exerce"[13]. Aristóteles não teria sabido discernir o que distingue essencialmente essas duas formas de justiça.

Segundo Aristóteles, a natureza da proporção buscada dissocia somente as duas formas de justiça particu-

---

11. Aristóteles, *Éthique à Nicomaque*, V, 7, 1131 b, p. 232.
12. Para Grócio, a justiça *"expletrice"* designa a justiça comutativa e a justiça *"atributrice"* designa a justiça distributiva (*DGP*, I, I, VIII, 1, p. 36).
13. *DGP*, I, I, VIII, 2, p. 36.

lar, ao passo que a justiça geral se distingue da justiça particular pelo fim que é visado. Grócio sustenta, ao contrário, que "a faculdade é o objeto da justiça *expletrice*, que Aristóteles nomeia justiça distributiva"[14]. A justiça distributiva estaria, pois, ligada a considerações relativas ao mérito. Segundo Grócio, apenas o fim buscado, e não a natureza da proporção, permite distinguir a justiça distributiva da justiça comutativa. A justiça distributiva particular parece dissolver-se na justiça geral, a repartição original dos bens exteriores já não é uma questão jurídica, mas moral.

Sobre qual ponto incidirá precisamente a crítica de Grócio? Tratar-se-á de refutar a inclusão de considerações relativas ao mérito moral numa teoria de direito? Essa refutação pareceria, como acabamos de ver, não ter motivo, já que Aristóteles se empenha em distinguir as distribuições vinculadas ao mérito daquelas que dependem do direito, ou seja, a justiça distributiva geral e a justiça distributiva particular.

Grócio não concentrará, ao contrário, sua crítica sobre a teoria da justiça distributiva particular? Ele recusaria, nessa hipótese, admitir que uma obrigação jurídica pudesse reger a distribuição dos bens exteriores, que os direitos de cada um decorrem das diferentes formas de igualdade imanentes às relações sociais.

Grócio não reconhece a existência de uma justiça distributiva particular. "O Estado que reembolsa tirando dos fundos públicos o que um cidadão gastou no interesse comum pratica apenas *justiça expletrice.*"[15] O que em Aristóteles estava ligado à distribuição de bens públicos, de acordo com as contribuições de cada um, reporta-se então apenas à justiça comutativa.

---

14. *DGP*, I, I, VIII, 1, p. 36.
15. *DGP*, I, I, VIII, 3, p. 37.

Qual será, segundo Grócio, a natureza da justiça comutativa? Ela busca somente de "qual lado se encontrava a posse mais legítima, a quem devia pertencer o objeto"[16]. O que então autorizaria um cidadão que contribuiu para as despesas próprias do interesse comum a reivindicar, junto ao Estado, a propriedade de um bem? O direito do cidadão e a obrigação atribuída ao Estado se reportam aos efeitos da obrigação contratual. "O fato de os homens donos de seus bens poderem transferir, no todo ou em parte, o direito que têm a eles é, desde a introdução da propriedade, um princípio do direito natural."[17] Mas apenas "a promessa perfeita", que associa à determinação da vontade para um tempo futuro "o testemunho da intenção de conferir um direito próprio a outrem"[18], consagra um direito subjetivo verdadeiro[19]. A promessa só obriga juridicamente quando transmite a outrem um direito a uma coisa ou sobre nossas ações[20]: "Alienar e prometer são a mesma coisa, pelo menos segundo o direito natural."[21] Ora, não podemos transmitir outros direitos senão aqueles que possuíamos previamente à promessa[22]. Se um bem é devido ao cida-

---

16. *Ibid.*
17. *DGP*, II, VI, I, p. 250.
18. *DGP*, II, XI, IV, 1, p. 320.
19. A. Matheron, "Spinoza et la problématique juridique de Grotius", *Anthropologie et politique au XVIIe siècle*, Paris, Vrin, 1986, p. 92.
20. "O terceiro grau [da promessa] é quando a tal determinação se une o testemunho da intenção de conferir um direito próprio a outrem: essa é uma promessa perfeita com o mesmo efeito que a alienação da propriedade. Pois ela é ou um encaminhamento para a alienação de uma coisa, ou uma alienação de alguma parcela de nossa liberdade. Àquilo se reporta a promessa de dar, a isto, a promessa de fazer" (*DGP*, II, XI, IV, p. 320). A. Matheron, "Spinoza et la problématique politique de Grotius", *op. cit.*, p. 92.
21. *DGP*, II, VI, II, p. 251.
22. "No tocante à matéria da promessa, cumpre que ela esteja ou possa estar no poder do promitente, a fim de que a promessa seja eficaz" (*DGP*, II, XI, VIII, 1, p. 324).

dão pelo Estado, não é em virtude da contribuição do particular para a coletividade, mas porque o Estado se terá comprometido, por uma "promessa perfeita", a restituir a soma gasta por este. Na ausência de promessa, a obrigação atribuída ao Estado seria, por conseguinte, simplesmente moral, o que não autorizaria o cidadão a reivindicar um direito. Segundo Aristóteles, ao contrário, a promessa não interfere com o que é devido a cada um, já que o direito resulta de uma relação de igualdade imanente, sempre independente da vontade dos contratantes.

O Estado não recorre, segundo Grócio, a nenhuma distribuição quando faz justiça ao cidadão, limita-se a cumprir sua parte do contrato comutativo[23]. Ao passo que a justiça distributiva particular requer, segundo Aristóteles, que os direitos de cada um sejam determinados segundo uma relação de igualdade imanente, o exercício da justiça comutativa é daí em diante subordinado a uma transferência de direitos subjetivos.

O que distinguirá essa transferência de direitos subjetivos da justiça comutativa concebida por Aristóteles?[24]

Segundo Grócio, "a natureza ordena observar a igualdade nos contratos, a ponto mesmo que da desigualdade deva nascer o direito em proveito de quem obteve menos"[25]. Assim, "o que prometem ou o que dão, presume-se que o prometem ou o dão como o equivalente do que receberão, e como devido em razão dessa igualdade"[26]. A justiça comutativa consiste em que o cidadão

---

23. *DGP*, II, XII, III, 1, p. 332; *DGP*, II, XII, IV, p. 334.
24. "O justo nas transações privadas, sendo uma espécie de igual, e o injusto uma espécie de desigual, não é, entretanto, o igual segundo a proporção de há pouco, mas segundo a proporção aritmética" (*Éthique à Nicomaque*, V, 7, 1131 b-1132 a, p. 232).
25. *DGP*, II, XII, VIII, p. 335.
26. *DGP*, II, XII, XI, 1, p. 337.

não tenha menos, ao termo da transação, do que o direito subjetivo que ele possuía originalmente[27].

Grócio infere a exigência de igualdade da natureza do ato contratual "que foi imaginado com o intuito da utilidade"[28]. A fim de discernir a natureza do contrato, é preciso identificar a intenção que inspirou sua execução. Uma vez que um homem transfere um direito, devemos supor que o faz para a sua própria utilidade, ou seja, com a intenção de receber um direito equivalente. Nesse sentido, cumpre reconhecer nos contratos injustos quer o efeito de uma vontade de enganar o outro sobre o valor da coisa trocada[29], quer o efeito de um erro sobre a estimativa do preço da mercadoria[30]. Em ambos os casos, a exigência de igualdade não é satisfeita e o contrato deve ser corrigido. Tendo em conta a intenção das partes, a justiça do contrato exige que se proceda a transferências de direitos subjetivos iguais, que a alienação desses direitos se efetue segundo a forma da reciprocidade.

A justiça comutativa visa a preservação de um direito subjetivo, por meio de uma transferência de direitos equivalentes. Grócio só concebe os direitos dos sujeitos através do consentimento que os une, ao passo que, para Aristóteles, os direitos emanam necessariamente de uma relação social objetiva.

Portanto, estamos autorizados a reivindicar direitos apenas a partir de direitos subjetivos formalmente adquiridos. No exemplo proposto por Grócio, na ausência de promessa da autoridade soberana, estaríamos lidando, da parte do particular, com um contrato "de benevo-

---

27. "Mas, em todos os contratos comutativos, essa igualdade deve ser escrupulosamente observada" (*DGP*, II, XII, XI, 1, p. 337).
28. *DGP*, II, XII, IX, 1, p. 335.
29. *Ibid.*
30. *DGP*, II, XII, XIV, 1, p. 339.

lência puramente gratuita"[31], que é "um fato útil, do qual não é necessário falar, porquanto propicia, na verdade, utilidade, mas não produz nenhum efeito de direito. Dá-se o mesmo com a doação pela qual a propriedade é transferida"[32]. Não é concebível que uma autêntica distribuição possa aplicar-se a outra coisa senão a aptidões, sendo que estas sempre dependem das virtudes morais e não do direito propriamente dito[33]. Quem não tem direitos efetivos sobre uma coisa nunca pode reivindicar um título de propriedade, mesmo que uma parte lhe seja devida em virtude de relações de igualdade imanentes.

É por não poder conceber relações jurídicas independentemente de direitos subjetivos preexistentes que Grócio assimila o que Aristóteles distinguira tão ciosamente, a distribuição moral e a distribuição jurídica, anexando à moral tudo o que, em Aristóteles, pertencia à justiça distributiva particular.

A origem dos direitos subjetivos

Mas, se a justiça particular já não intervém na distribuição dos bens, falta identificar a fonte dos direitos adquiridos. O direito subjetivo de propriedade procede da lei natural?

O direito, além de designar a faculdade, é "sinônimo de lei, tomado no sentido mais amplo, e que significa uma regra das ações morais que obrigam ao que é hones-

---

31. *DGP*, II, XII, II, p. 332.
32. *Ibid.*
33. "Ocorre, de fato, em muitos casos, que exista uma obrigação em nós, sem que nenhum direito seja conferido a outrem; como se nota no dever de caridade e do reconhecimento, com o qual se parece esse dever da constância em manter a palavra, ou da fidelidade" (*DGP*, II, XI, III, p. 320).

to"³⁴. Será possível estabelecer uma relação de preeminência entre a lei natural e os direitos subjetivos naturais? A lei natural encontra sua fonte em tudo o que favorece a vida social³⁵, ela revela, sob a forma de injunções tiradas da razão³⁶, a sociabilidade natural do homem. Os preceitos da lei natural não coincidem com uma inclinação imanente que procederia do dinamismo de nossa natureza, são impostos pela razão sob a forma de comandos. Mas, segundo Grócio, esses preceitos sempre continuariam válidos "mesmo quando concordássemos, o que não pode ser aceito sem um grande crime, que não há Deus ou que os problemas humanos não são objeto de seus cuidados"³⁷. Se Deus continua sendo o autor da natureza, o homem pode apreender as exigências de seu ser independentemente da revelação e do conhecimento de sua destinação sobrenatural. Grócio, na esteira de Suarez, separa a ordem da natureza da ordem da revelação para alcançar a pura natureza³⁸.

Os preceitos da lei natural manifestam, sob a forma de mandamentos, o conjunto dos deveres necessários à coesão da sociedade. Mas as obrigações da lei natural, a exemplo das qualidades morais, não concernem todas ao mesmo gênero. Embora certos preceitos imponham deveres cujo respeito é estritamente obrigatório, eles não conferem nenhum direito aos particulares, do qual cada um seria beneficiário³⁹. Assim, os deveres dos filhos para

---

34. *DGP*, I, I, IX, p. 37.
35. *DGP*, Prolégomènes, VIII, p. 11.
36. "Preocupei-me de início em vincular as provas das coisas que dizem respeito ao direito da natureza a noções tão certas que ninguém possa negá-las a não ser que se force. Os princípios, de fato, desse direito, se prestardes bem atenção, são por si sós claros e evidentes, quase a exemplo das coisas que percebemos pelos sentidos exteriores" (*DGP*, Prolégomènes, XXXIX).
37. *DGP*, Prolégomènes, XI, p. 2. Cf. Suarez, *De legibus*, II, 6, 3, p. 429.
38. J. Terrel, *Les Théories du pacte social, op. cit.*, pp. 33-4.
39. *DGP*, I, I, IX, 1, pp. 37-8.

com os pais se fundamentam na piedade filial sem que os pais sejam autorizados a reivindicar o reconhecimento como um direito[40]. Essas obrigações pertencem ao direito, mas num sentido amplo, um direito que inclui o conjunto dos deveres morais[41]. Contudo, a lei natural é igualmente portadora de uma obrigação, não mais moral, mas estritamente jurídica.

É do dever de cada um "abster-se do bem alheio", "cumprir suas promessas" e reparar "o dano causado por sua falta"[42]. Toda infração a essas regras ocasiona um dano e não simplesmente uma situação de vício moral. A distinção entre os deveres morais e as injunções jurídicas se opera, portanto, no próprio seio da lei natural: dentre os preceitos morais, alguns se impõem como obrigações jurídicas, outros só ocasionam obrigações morais. Com base em qual fundamento se opera essa dissociação?

A lei natural só adquire uma dimensão jurídica com a condição de se juntar a direitos subjetivos, ela só obriga juridicamente com o fundamento de um direito subjetivo preexistente[43]. Quando a lei natural não repousa num direito subjetivo, a obrigação de que é portadora é simplesmente moral, liga-se à justiça distributiva. O benévolo é digno de reconhecimento, mas esse mérito é para ele apenas a ocasião de adquirir uma coisa ainda indevida. Ao contrário, a obrigação de cumprir suas promessas se apoia no único direito conferido ao novo

---

40. "Não sendo essa obrigação fundamentada num direito [...] mas na piedade filial, no respeito, no reconhecimento, o que fosse feito contrariamente a esse dever não seria mais nulo do que o seria uma doação feita por um proprietário qualquer, contra as regras da economia" (*DGP*, II, V, III, II, p. 223).

41. "Dessa noção de direito decorreu uma outra mais ampla" (*DGP*, IX, p. 11).

42. *Ibid.*

43. A. Matheron, "Spinoza et la problématique juridique de Grotius", *op. cit.*, p. 84.

proprietário e implica abster-se do bem que lhe foi alienado. A lei natural só é portadora de uma obrigação jurídica por causa de direitos subjetivos de propriedade adquiridos. A transferência do direito subjetivo se encontra, pois, no fundamento de uma obrigação jurídica que invade, de uma parte, o campo da lei natural, a partir de então encarregada de proteger juridicamente os direitos subjetivos de que os indivíduos dispõem. Nesse sentido, a obrigação jurídica já não coincide com o vínculo imposto pela igual distribuição dos bens exteriores, mas ela se torna legal, assegura a salvaguarda de direitos que lhe são preexistentes.

Qual será então a origem do direito subjetivo de propriedade? "Deus conferiu ao gênero humano um direito geral sobre as coisas dessa natureza inferior, e renovou essa concessão depois da regeneração do mundo pelo Dilúvio [...] disso decorria que cada homem podia apoderar-se do que quisesse para suas necessidades, e consumir o que pudesse ser consumido."[44] No estado de inocência, cada um é dotado de um direito ao mesmo tempo sobre os bens que devem necessariamente ser objeto de uma repartição, como os produtos de consumo corrente, e sobre aqueles que são repartidos segundo a primeira ocupação[45]. O direito da primeira ocupação é considerado direito de propriedade para os bens imóveis, ao passo que um direito de primeira apropriação autoriza o consumo dos bens perecíveis[46].

---

44. *DGP*, II, II, 1, p. 179.

45. "Pode-se fazer uma ideia disso pela comparação que se encontra em Cícero, no livro III, de seu tratado *De finibus*: 'Ainda que o teatro seja comum, pode-se no entanto dizer, com razão, que cada lugar pertence àquele que o ocupa'" (*ibid.*).

46. "Todas as coisas, como diz Justino, continuavam comuns e pertenciam indivisamente a todos como um patrimônio comum. Disso decorria que cada homem podia apoderar-se, para suas necessidades, do que queria, e consumir o que podia ser consumido" (*ibid.*).

Se, como escreve Grócio, "aquilo de que cada um se tinha apoderado, outro não podia tirar-lhe sem injustiça"[47], devemos admitir que a obrigação jurídica que prescreve "abster-se do bem alheio"[48] já é válida no estado de inocência. Em consequência, o direito subjetivo de propriedade parece preceder toda legislação civil ou todo acordo entre os homens. Mas será por isso natural?

Esse direito pode ser diretamente inferido do *dominium* natural que Deus conferiu ao homem. Nesse sentido, como observamos, Grócio se insere na tradição que põe o *dominium* na origem do direito subjetivo. Mas o direito de propriedade é, porém, "o resultado de uma convenção, seja expressa, por meio de uma partilha, por exemplo; seja tácita, mediante, por exemplo, uma ocupação"[49]. A convenção acrescenta um elemento ao direito do primeiro ocupante que seria constitutivo do direito de propriedade?

Como vimos, o direito do primeiro ocupante não procede de um princípio convencional, mas do fato de que Deus quis que o homem exercesse uma dominação sobre as coisas naturais. O consentimento implica, porém, a vantagem de suscitar um reconhecimento público do que cada um quer tornar seu. A vontade privada e secreta de cada um dos proprietários não basta para esse fim[50]. Na ausência de reconhecimento público, um proprietário encontrará dificuldades para fazer valer seu direito. O lugar de teatro pertence efetivamente ao primei-

---

47. *Ibid.*
48. *DGP*, Prolégomènes, VIII, p. 11.
49. *Ibid.*, II, II, II, 5, p. 182.
50. "Aprendemos, ao mesmo tempo, como as coisas se tornaram propriedades. Isso não ocorreu por um mero ato de vontade; pois os outros não podiam saber, a fim de abster-se disso, o que cada um queria tornar seu, e várias pessoas podiam querer apropriar-se do mesmo objeto" (*DGP*, II, II, II, 5, p. 182).

ro ocupante, mas, se a pessoa se levanta e uma outra o toma, a injustiça será tanto mais difícil para estabelecer quanto a vontade da primeira pessoa de se tornar proprietária do lugar permanecer desprovida de publicidade. Os direitos subjetivos de propriedade existem no estado de inocência, mas são dificilmente discerníveis.

A convenção pela qual "[...] todos ficaram de acordo que o que cada um ocuparia, ele o possuiria como coisa particular"[51] confere transparência às relações de propriedade e facilita, assim, a aplicação dos preceitos jurídicos da lei natural. Tornando públicas as relações de propriedade, essa convenção favorece a paz entre os homens e reduz as ocasiões de conflito. São as consequências da queda vinculadas ao desenvolvimento das técnicas que tornarão necessário o reconhecimento público da propriedade[52].

Mas esse reconhecimento público não institui esses direitos, os quais procedem diretamente da providência divina. O consentimento, tácito ou expresso, que segundo Grócio dá origem ao direito de propriedade, mais permite o reconhecimento de um direito do que a sua instituição[53]. O exercício da justiça comutativa se enraíza no direito do primeiro ocupante e não procede de uma justa distribuição dos bens[54].

A apropriação e a primeira ocupação substituem a distribuição anteriormente atribuída à justiça particular. A primeira convenção certifica legalmente relações

---

51. *DGP*, II, II, II, 5, p. 182.
52. *DGP*, II, II, II, 1-4, p. 180.
53. R. Tuck, *Natural Rights Theories, op. cit.*, p. 77.
54. "Grócio atribui a esse 'modo de aquisição original' um alcance universal: por uma primeira ocupação se justificariam não só as posses imobiliárias de qualquer particular, mas também as soberanias dos Estados sobre seus respectivos territórios e seus territórios coloniais" (M. Villey, *Formation de la pensée juridique moderne, op. cit.*, p. 629).

de propriedade que assim se constituíram. A evolução ou a transformação dessas relações resultarão de diferentes transações e de contratos, a justiça comutativa zelará simplesmente pela preservação dos direitos adquiridos por cada um. Mas é importante salientar que Grócio não subordina a convenção que reconhece os direitos de cada um ao nascimento do Estado. Quando aparece a soberania política, ela já encontra diante de si uma sociedade civil estruturada por relações de propriedade. Locke se insere, portanto, na esteira de Grócio quando afirma que o fim que comanda a instituição do Estado se confunde com a defesa do direito natural de propriedade.

Mas, se o direito subjetivo de propriedade se constitui independentemente dos preceitos da lei natural, até que ponto ele continuará sendo uma qualidade moral?

Contrariamente ao que Hobbes acabará pensando, a lei natural não tem sua origem num desejo de conservação, mas numa tendência à sociabilidade. O exercício de um direito subjetivo está em conformidade com a lei natural quando supõe o respeito pelos bens alheios. A qualidade moral designa essa faculdade que o homem dispõe de exercer seu direito levando em conta o dos outros. Assim, os direitos subjetivos são independentes da lei natural do ponto de vista da gênese deles, mas permanecem regidos por ela quanto ao exercício. O exercício de um direito sempre supõe a mediação dos preceitos da lei natural[55].

---

55. "Haverá em Hobbes, Espinosa, Locke, Wolff e Kant outras tentativas de fundar o direito subjetivo; alguns pretenderão deduzi-lo diretamente da essência do homem. Na escola de Grócio, ele é apenas indiretamente vinculado à natureza do sujeito, por intermédio da lei que está na consciência do homem: reflexo da obrigação moral [...]" (*ibid.*, p. 630).

Transferência de direito e lei civil

O direito de propriedade não é o único direito de que dispomos por natureza. O direito, que "abarca o poder tanto sobre si mesmo – a que chamamos liberdade – quanto sobre os outros, tais como o poder paterno, o poder senhorial"[56], pertence naturalmente a todos. Grócio considera, a exemplo de Suarez, que o homem dispõe de sua liberdade como dispõe dos bens de que é proprietário. A fundação do direito de liberdade é, aliás, em todos os pontos conforme à do direito de propriedade[57]. O gozo de nossa liberdade supõe o exercício de um direito de propriedade sobre as nossas ações. Baseada no modelo do direito de propriedade, a liberdade não procede dos preceitos da lei natural, mas da natureza do homem à qual Deus concedeu o livre-arbítrio. Esse direito de liberdade é igualmente alienável, como atesta a escravidão contratual, forma de sujeição "pela qual um indivíduo se dá em servidão perfeita"[58].

A soberania política se enraíza, assim, na transferência desse direito subjetivo à liberdade[59]. O homem se compromete, pelo consentimento[60], a submeter-se às leis civis e às decisões do poder político[61]. O dever de se con-

---

56. *DGP*, I, I, V, p. 36.
57. A. Matheron, "Spinoza et la problématique juridique de Grotius", *op. cit.*, p. 83.
58. *DGP*, II, V, XXVII, 1, p. 245.
59. "Por que, então, não seria permitido a um povo, dependente apenas de si mesmo, submeter-se a um único indivíduo ou a vários, transferindo-lhes completamente o direito de governá-lo, sem reservar nenhuma parte dele" (*DGP*, I, III, VIII, 1, p. 99).
60. "O direito que se adquire sobre as pessoas em virtude do consentimento vem ou de uma associação, ou de uma sujeição" (*DGP*, II, V, VIII, 1, p. 225).
61. "Mas a mãe do direito civil é a obrigação que o indivíduo se impõe por seu próprio consentimento, e, como essa obrigação tira sua força do direito natural, a natureza pode ser considerada a bisavó também do direito civil" (*DGP*, Prolégomènes, XVI, p. 14).

formar ao direito civil derivará então de um preceito da lei natural, da obrigação de cumprir as promessas.

Não obstante, a instituição da soberania tem repercussões sobre o direito de propriedade, uma vez que, "tendo a sociedade civil sido estabelecida para manter a tranquilidade, o Estado adquire de início, sobre nós e sobre tudo o que nos pertence, uma espécie de direito superior, na medida em que isso é necessário para esse fim"[62]. Embora conservemos um poder sobre nossos bens, o Estado dispõe do direito de apoderar-se deles a partir do momento em que o interesse público o exige. Com efeito, a faculdade "existente em consideração do interesse dos particulares" é menos eminente do que a "superior a esse direito vulgar, e que pertence à comunidade sobre as pessoas e os bens dos indivíduos que dela fazem parte, com vistas ao interesse geral"[63]. Qual será a natureza do interesse geral que preside à instituição do Estado e justifica esse direito de preensão sobre os bens dos particulares?

Grócio discerne no homem "uma inclinação dominante para a vida social"[64]. Refuta a ideia segundo a qual "a utilidade é como que a mãe da justiça e da equidade"[65]. A associação civil manifesta uma exigência da natureza humana e, mesmo na hipótese em que "não se prometesse nenhuma utilidade da observação do direito, seria obra de sabedoria e não de loucura deixar-se le-

---

62. *DGP*, I, IV, II, 1, p. 132. "A associação pela qual vários chefes de família se reúnem para formar um povo e um Estado confere ao Corpo sobre seus membros o mais extenso direito; porque é a sociedade mais perfeita e porque não há nenhuma ação exterior do homem que ou não se reporte por si só a essa sociedade, ou não possa reportar-se a ela conforme as circunstâncias" (*DGP*, II, V, XXIII, p. 243).
63. *DGP*, I, I, VI, p. 36.
64. *DGP*, Prolégomènes, VII, p. 11.
65. *DGP*, Prolégomènes, XVI, p. 13.

var para onde sentimos que nossa própria natureza nos conduz"[66].

Grócio concede, porém, que a utilidade é "a causa ocasional do direito civil"[67], já que está no interesse dos homens submeter-se a uma autoridade política[68]. Assim, "o cidadão que infringe o direito civil com vistas à sua utilidade presente destrói o germe que contém seu interesse vindouro e o de toda a sua posteridade"[69].

O direito civil estará destinado a preservar um bem comum de natureza moral ou então a garantir a utilidade comum? Como separar as exigências morais ligadas ao desenvolvimento de cada um da utilidade comum que supõe a defesa, pelo Estado, dos direitos de cada um?

A dificuldade está em conciliar a pregnância dos direitos subjetivos que cada um procurará preservar e a existência de um princípio de sociabilidade natural que se expressa através dos preceitos da lei natural. Embora o homem permaneça fundamentalmente interessado na preservação de seus direitos, em detrimento de qualquer preocupação comunitária, nem por isso a lei natural procede dos direitos subjetivos, ela não resulta, no modelo hobbesiano, de um cálculo de razão que visaria protegê-los. Ademais, ela abrange obrigações que não são diretamente ligadas à defesa dos direitos subjetivos. Portanto, está fora de questão apreender o homem como um ser fechado em si mesmo, fixado em seus interesses particulares. A lei natural e os direitos naturais provêm de fon-

---

66. *DGP*, Prolégomènes, XVIII, p. 15.
67. *DGP*, Prolégomènes, XVI, p. 14.
68. "Assim é que muitos homens, fracos por si sós, e não querendo deixar-se oprimir por mais fortes do que eles, entenderam-se para estabelecer e manter, com forças comuns, tribunais, a fim de que todos juntos predominassem sobre aqueles aos quais cada um deles não era capaz de resistir sozinho" (*DGP*, Prolégomènes, XIX, p. 15).
69. *DGP*, Prolégomènes, XVIII, p. 14.

tes diferentes e contribuem juntos para compor uma ordem social conforme à natureza humana.

Grócio salienta, porém, que "em matéria de coisas equitativas e honestas, cumpre colocar em primeira linha o que é devido; em segunda linha, o que, conquanto não devido, é conforme ao dever"[70]. As obrigações jurídicas propriamente ditas, vinculadas à defesa dos direitos subjetivos, prevalecem, em consequência, sobre as obrigações morais. Estas últimas são deixadas à mercê de cada um, exceto as situações em que são relacionadas com a preservação dos direitos subjetivos[71], quando elas se transformam em obrigações jurídicas. Embora a sociedade favoreça a realização das virtualidades da natureza humana, sua tarefa primordial consistirá, porém, em defender os direitos subjetivos. A lei natural, assim como o direito civil dela decorrente, parece, nessas condições, ser mais um instrumento de que os homens dispõem para defender seus direitos subjetivos do que um meio de realizar suas aspirações morais. A utilidade comum se reduz, por conseguinte, em razão das leis civis e da lei natural, à soma dos interesses particulares, que não deverão ser confundidos com o bem comum.

Enquanto relaciona o interesse geral com a natureza do homem, Grócio parece adotar a ideia clássica de um bem comum que garantiria a realização das virtualidades da natureza humana. Mas, uma vez que associa o interesse geral e o direito no sentido estrito, as considerações relativas à utilidade comum e à preservação dos direitos dos particulares parecem prevalecer.

---

70. *DGP*, II, VII, III, p. 260.
71. "Pois o direito natural, considerado lei, não contempla somente as coisas ordenadas pela justiça nomeada por nós *expletrice*; mas encerra em si os atos das outras virtudes, como a temperança, a coragem, a prudência, na medida em que o exercício dessas virtudes, em certas circunstâncias, não é somente honesto, mas obrigatório" (*DGP*, II, I, IX, 1, p. 169).

A análise da justiça penal proposta por Grócio é, a esse respeito, exemplar. Grócio toma cuidado em distinguir a questão do castigo daquela que incide sobre a obrigação de reparar os danos. De fato, é preciso separar "o caráter vicioso da ação de seu efeito. Pois o castigo responde ao primeiro; a reparação dos danos ao segundo"[72]. Qual será, segundo Grócio, o princípio da justiça penal?

Se podemos estimar que quem é punido merece sê-lo, "isso, porém, não deve ser interpretado como se lhe acontecesse alguma coisa daquilo que requer a justiça intimativa"[73]. Esta só lida, como vimos, com obrigações morais, ela distribui os elogios e as recriminações de acordo com o valor moral das ações. Mas, se não se reconhece a um homem o poder de exigir um direito porque o merece, ele tampouco pode assumir uma reparação porque se teria subtraído a uma obrigação moral. Assim como a bondade moral não autoriza uma reivindicação jurídica, o vício moral não confere o direito de punir.

Se a pena depende da justiça comutativa é porque "aquele que pune deve, para punir legitimamente, ter o direito de punir: direito esse que nasce do crime do culpado"[74]. Logo, não são as exigências relativas ao bem comum que fundamentarão a legitimidade das reparações. Tomás de Aquino, como vimos, considerava, porém, que a determinação da pena cabia em parte à justiça geral, que a pena devia não só visar a restauração de uma relação justa, mas também ser proporcional à gravidade do atentado contra o bem comum. Ele não limitava o exercício da justiça penal apenas aos desrespeitos das exigências da justiça particular.

---

72. *DGP*, II, XX, XXII, p. 422.
73. *DGP*, II, XX, II, 2, p. 450.
74. *DGP*, II, XX, II, 3, p. 451.

Segundo Grócio, o princípio da determinação da pena depende do dano infligido à vítima, bem como do atentado cometido contra a utilidade comum. A pena visa doravante a utilidade da vítima, que "consiste em impedir que, mais tarde, ela não sofra nada igual da parte do mesmo indivíduo ou de outros"[75]. Mas a pena é destinada igualmente a "impedir que aquele que prejudicou a um só prejudique outros"[76]. A determinação da pena supõe a estimativa dos efeitos esperados da sanção sobre a paz e a tranquilidade públicas, sobre a preservação dos direitos subjetivos de cada um[77]. Assim, por exemplo, a estimativa da pena deverá considerar "a vida [do criminoso] que havia precedido e que havia seguido a falta"[78] a fim de melhor julgar a utilidade da sanção para a sociedade.

Portanto, Grócio reserva as penas às situações em que se atenta contra os direitos dos particulares, exclui da penalidade todo o campo dos vícios morais. A finalidade da pena consiste na utilidade comum, na proteção dos direitos subjetivos de cada um.

A emergência do direito de resistência

Não obstante, segundo Grócio, a repartição original dos bens exteriores, que governa o exercício da justiça comutativa, não é imutável. Se a necessidade impuser, o soberano poderá perfeitamente operar uma nova distribuição dos bens. Essa nova repartição não se efetuará

---

75. *DGP*, II, XX, VIII, 1, p. 458.
76. *DGP*, II, XX, IX, 1, p. 462.
77. "Se os mais culpados são mais gravemente, e os menos culpados mais levemente punidos, isso só ocorre como uma consequência, e não é o que se tem primeira e principalmente em vista" (*DGP*, II, XX, II, 1, p. 450).
78. *DGP*, II, XX, XXX, 4, p. 483.

segundo o princípio da igualdade buscando o que é devido, mas será subordinada à utilidade comum, à preservação dos direitos de todos. Embora Grócio saliente que seria uma pura injustiça "tirar de outrem o que lhe pertence, sem motivo prévio e plausível"[79], ainda assim o interesse geral pode perfeitamente se impor com prejuízo dos direitos do indivíduo. A prevalência do interesse geral na determinação dos direitos de cada um em nada prejulga a salvaguarda deles. A tradição jurídica clássica conjurava esse risco considerando que a justiça não devia ser ordenada para a utilidade comum, mas para relações de igualdade entre os particulares.

A edificação do Estado pela transferência dos direitos subjetivos ao soberano abolirá por isso toda forma de direito de resistência? Os homens serão incondicionalmente submetidos à lei do soberano?

Segundo Grócio, os indivíduos dispõem de um direito natural de resistência, necessário para repelir as injustiças de que são vítimas. Antes de Locke, ele considera que um dos direitos primordiais ao qual os indivíduos renunciam para instituir o soberano é o direito de ministrar justiça[80]. Essa renúncia permite precaver-se contra a

---

79. *DGP*, II, VII, I, p. 258.
80. "É verdade que todos os homens têm naturalmente, como dissemos mais acima, o direito de resistir para repelir a injúria que lhes [é] feita. Mas, como a sociedade civil foi estabelecida para manter a tranquilidade, o Estado adquire sobre nós e sobre o que nos pertence uma espécie de direito superior, na medida em que isso é necessário para esse fim. Portanto, o Estado pode, para o bem da paz pública e da ordem, proibir esse direito comum de resistência; e não se deve duvidar de que ele o tenha querido, já que de outro modo não poderia atingir seu objetivo" (*DGP*, I, IV, II, 1, p. 132). "[...] a liberdade de prover mediante castigos os interesses da sociedade humana que, no começo, como dissemos, pertencia aos particulares, permaneceu, depois do estabelecimento dos Estados e das jurisdições, nos poderes soberanos" (*DGP*, II, XX, 40, 1, p. 490). É dessa maneira que Grócio justifica o direito de ingerência.

eventual transformação da sociedade numa "multidão desordenada"[81]. Essa transferência do direito de resistência não conferirá à autoridade soberana um poder absoluto sobre os cidadãos?

Segundo Grócio, "certas leis, mesmo entre as de Deus, conquanto concebidas em termos gerais, encerram em si mesmas uma exceção tácita para os casos de extrema necessidade"[82]. A aplicação da lei civil pode legitimamente ser suspensa por ocasião de situações excepcionais. Mas como pensar a existência de um direito subjetivo de resistência quando, por seu consentimento, o cidadão parece ter alienado ao poder político o domínio cabal de suas ações?

O exame do direito de propriedade permite levantar interrogações similares. A obrigação jurídica de respeitar os direitos subjetivos de cada um não dissuade nem um pouco Grócio de admitir que na "lei de propriedade, a necessidade extrema parece ter sido excetuada"[83]. O reconhecimento do direito de propriedade por uma convenção pública não proíbe, pois, sua transgressão ou sua suspensão em certas circunstâncias excepcionais.

Os preceitos morais da lei natural encontrarão, em cada uma dessas circunstâncias, o poder de irrigar o direito?

Grócio admite que, nas situações de extrema necessidade, os direitos naturais do homem reaparecem e substituem os direitos subjetivos que resultam das transações e das trocas: "Os bens não parecem ter sido distribuídos a proprietários senão com a reserva favorável de uma

---

81. *Ibid.*
82. *DGP*, I, IV, VII, 1, p. 141.
83. *DGP*, II, II, VI, 2, p. 185. "No caso de semelhante necessidade, se alguém vem a subtrair um objeto necessário à sua vida, ele não comete um roubo" (*DGP*, II, II, VI, 4, p. 185).

volta ao direito primitivo."[84] Assim, "o que numa circunstância semelhante a caridade recomendaria, não duvido que se possa fazer dela uma lei humana"[85]. Dever-se-á concluir disso que o princípio de caridade permite ao homem recobrar direitos que anteriormente transferiu? A extrema necessidade se tornaria então a única situação na qual a aptidão ou o mérito concederia direitos[86].

Mas Grócio não chega a desenvolver tal argumentação. Consegue fundamentar o direito de resistência mantendo uma estrita distinção entre o direito e a aptidão. Embora a desobediência possa revelar-se conforme ao recomendado pela caridade, nem por isso o direito de resistência se enraíza no princípio de caridade, mas num verdadeiro direito subjetivo. Grócio o enuncia expressamente: "A razão dessa decisão não é a que alguns autores alegam, a de que o proprietário da coisa é obrigado, pela lei de caridade, a dá-la a quem carece do necessário."[87]

Essa observação parece visar diretamente a afirmação tomista que já encontramos. Segundo Grócio, não é preciso suspender a distinção entre a moral e o direito para admitir que os necessitados podem, em certas circunstâncias, violar um direito de propriedade sem com isso infringir uma obrigação jurídica qualquer.

A desobediência à lei, bem como a apropriação do bem alheio, podem tornar-se legítimas se recorremos às intenções do legislador[88]. Quando a obediência estrita a

---

84. *DGP*, II, II, VI, 4, p. 186.
85. *DGP*, I, IV, VII, 2, p. 142.
86. Como vimos, Tomás de Aquino recorre a esse argumento para salientar que existem circunstâncias em que a moral pode irrigar o direito.
87. *DGP*, II, II, VI, 4, p. 185.
88. "Ora, a lei em questão parece depender da vontade daqueles que se associam originariamente para formar uma sociedade civil, e dos quais emana o poder que passa em seguida aos governantes. Supondo, então, que se pergunte a eles se pretenderiam impor a todos os cidadãos a dura necessidade de morrer, em vez de pegar as armas, em qualquer ocasião, para defender-se

uma lei provoca uma situação inconciliável com as intenções do legislador, pode ser legítimo desobedecer. Sendo as convenções humanas estabelecidas para a vantagem de todos, o direito civil, que decorre dessas convenções, deverá visar a utilidade comum. Apenas quando a aplicação das leis se mostrar prejudicial, ou seja, contrária às intenções dos primeiros legisladores, é que os homens poderão recobrar seus direitos primitivos. O direito subjetivo de resistência procede, assim, de uma aplicação equitativa da lei civil, de uma estrita fidelidade às decisões dos primeiros legisladores. A análise que Grócio consagra ao direito de resistência nos permite levantar uma questão decisiva: qual será a articulação que se deve estabelecer entre a repartição original dos bens exteriores e a irrupção do estado de necessidade?

Esse direito de resistência é, porém, circunscrito pelo próprio princípio que lhe fundamenta a legitimidade. O indivíduo poderá transgredir a lei, mas não deverá "todavia perder de vista o bem público"[89], nenhuma resistência poderá, pois, ser permitida desde que ameace a preservação dos direitos dos outros cidadãos. Essa consideração prevalece igualmente no estado de natureza, já que pode acontecer que, "a vida do agressor sendo útil à maioria, não seja possível matá-lo sem crime; e isto [...] em virtude do próprio direito de natureza"[90]. O exercício do direito de resistência sempre é subordinado à consideração da utilidade comum, que o direito natural, sob suas diferentes formas, deve preservar. Então, não é concebível deduzir a legitimidade do direito de resistência

---

contra os poderosos: não sei se responderiam afirmativamente; a menos, todavia, que se admita a atenuante de que a resistência seria impossível sem acarretar as maiores desordens no Estado, ou a perda de uma multidão de inocentes" (*DGP*, I, IV, VII, 2, p. 141).

89. *DGP*, I, IV, VII, 4, p. 142.
90. *DGP*, II, I, IX, 1, p. 169.

unicamente da injustiça feita a um indivíduo. A revolta de uma minoria, se põe em perigo os direitos da maioria, nunca poderá ser justificada.

O direito de resistência se liga, portanto, a uma aplicação equitativa do direito civil, e não a um princípio de moralidade, ou a uma relação de igualdade. O direito civil só se impõe pela persistência da utilidade que lhe presidiu a elaboração. A resistência não parece ainda alicerçada num direito subjetivo em parte inalienável.

Essa justificação do direito de resistência atesta a estreita correlação entre a utilidade comum e o direito. Os direitos naturais do homem ressurgem por ocasião de toda situação prejudicial ao bem público. A utilidade comum se mostra, assim, o fundamento indefectível do direito civil, ela não é simplesmente sua causa ocasional.

No entanto, Grócio propõe conceder outro fundamento ao direito de resistência. O direito de resistir não procederia da "injustiça ou do crime daquele que nos expõe ao perigo [mas] do fato de que a natureza confia a cada um de nós o cuidado de nós mesmos"[91]. Cumprirá, por conseguinte, dissociar, no estado de natureza, bem como no estado civil, o direito de resistência que se enraíza nesse direito à vida de suas formas distintas, as quais repousam na injustiça cometida ou na interpretação equitativa da lei.

Esse direito à vida, que procede diretamente da providência divina, não parece ser alienável[92]. Até mesmo os escravos, que contudo se "submeteram espontaneamente à servidão", podem "prover à sua salvação pela fuga [...]"[93]. Por conseguinte, o escravo conserva, depois da

---

91. *DGP*, II, I, III, p. 165.
92. Esse direito à vida seria o único direito inalienável, contrariamente ao direito sobre as nossas ações e ao direito sobre as coisas.
93. *DGP*, II, V, XXIX, 2, p. 247.

transferência de direito, uma parte inalienável de seu direito natural[94]. Assim também, se um príncipe, útil à vida da maioria, não deve perder seu poder porque teria maltratado um inocente[95], a verdade é que o direito à vida confere a esse particular o direito de resistir por todos os meios às agressões que lhe ameaçam a existência. Se esse direito de resistir respondesse somente à injustiça cometida, ele seria, como já observamos, circunscrito pelas considerações ligadas à utilidade comum. Ao passo que, se ele repousa no direito inalienável de se conservar, ele parece sem entrave, ilimitado. Assim, o direito natural à vida autoriza, em situações de perigo iminente, um exercício do direito de desobediência dissociado de considerações vinculadas à utilidade comum ou à justiça. Hobbes retomará essa análise quando sustentar que todo homem que teme por sua vida dispõe de um direito de resistência independente de qualquer exigência vinculada à moral ou ao direito positivo.

---

94. A. Matheron, "Spinoza et la problématique juridique de Grotius", *op. cit.*, p. 85.
95. "Pois o direito de soberania, não mais que o de propriedade, não se perde por um crime, a não ser que a lei o ordene" (*DGP*, I, IX, 2, p. 169).

Capítulo VI
Os direitos do homem: Hobbes e Locke

A equidade

O direito, como vimos, não pode ser reduzido à justiça legal, ao respeito das leis: o teor do direito se elabora através do estudo da justiça particular. O direito consiste numa partilha justa dos bens exteriores, supõe a descoberta de uma forma de igualdade, retirada da finalidade natural ou do consentimento das partes. O direito repousa numa relação fincada na realidade, confunde-se com uma igualdade visada pelo juiz todas as vezes que bens devem ser objeto de uma partilha. Num sentido derivado, é possível referir-se a um direito do indivíduo entendido como o gozo efetivo da parte que cabe a cada um, uma vez determinada a justa proporção.

Assim, o conceito de direito apresenta três características: é objeto de uma pesquisa porque é inerente às relações sociais sem estar enfeudado na vontade do legislador; sempre expressa uma igualdade imanente a uma relação social, nesse sentido ele é natural; deve ser discernido por uma autoridade legislativa para que indivíduos possam reivindicar seus direitos.

Como interpretar a crítica que Hobbes, seguindo a linha de Suarez e de Grócio, dirige a essa concepção clássica da justiça?¹ Segundo Hobbes, a justiça comutativa não supõe "a igualdade dos valores das coisas sobre as quais incide o contrato", pois não se comete injustiça nenhuma "ao vender mais caro do que se compra"². A justiça de uma relação contratual não procede da proporção objetiva que lhe seria inerente, da igualdade entre o que é dado e recebido: "O valor de todas as coisas que são objeto de um contrato é medido pelo apetite dos contratantes; o valor justo é, portanto, aquele que aceitam fornecer."³ No âmbito da justiça comutativa, o mérito se liga à parte que é a primeira a cumprir o acordado e que "merece que o outro faça o mesmo"⁴. Na esteira de Grócio, Hobbes considera que a obrigação jurídica repousa numa transferência de direito. Mas, deixando o mérito enxertar-se na transferência de direito, Hobbes resgata uma concepção do mérito que, como observamos, era alheia ao pensamento de Grócio.

Devemos então concluir que a justiça de um contrato é estritamente redutível ao consentimento das partes? Hobbes opera, nesse sentido, uma distinção fundamental entre errado, que supõe o não respeito de uma convenção concluída com uma parte⁵, e o dano infligido a

---

1. "Os autores dividem a justiça das ações em justiça comutativa e justiça distributiva. A primeira, dizem, consiste numa proporção aritmética, a segunda, numa proporção geométrica. Portanto, põem a justiça comutativa na igualdade dos valores das coisas sobre as quais incide o contrato, e a justiça distributiva na distribuição de vantagens iguais aos homens de mérito igual" (*Léviathan* [*Lév.*], trad. fr. F. Tricaud, Paris, Sirey, 1971, XV, p. 150).

2. *Ibid.*, p. 150; *Le Citoyen ou les fondements de la politique*, Paris, GF, 1982, III, 6, p. 117.

3. *Lév.*, X, pp. 150-1.

4. *Ibid.*, p. 151; "Daquele que é o primeiro a cumprir o acordado em caso de contrato, diz-se que ele merece o que deve receber pela execução da outra parte. [...] No contrato, o que recebo de meu cocontratante é poder merecer que ele renuncie a seu direito" (*Lév.*, XVI, p. 135).

5. "Mesmo que o erro (*injury*) e o ato injusto sejam duas denominações diferentes de uma mesma realidade, eles não devem ser confundidos [...] há

um indivíduo com o qual nenhum contrato foi concluído[6]. O dano objetivo sofrido, que atenta contra os direitos do indivíduo, nem por isso constitui uma violação da justiça, uma infração às cláusulas de um acordo. Assim, quando é causado um erro, a sanção não é proporcionada à reparação do dano infligido, mas será deduzida, de maneira abstrata, da falta com a palavra dada. Ademais, as decisões individuais, que fixam o teor do contrato, são evidentemente submetidas às diferentes condições promulgadas pelo Estado no tocante à regulamentação dos acordos contratuais[7].

No entanto, a despeito dessa concepção duplamente positivista da justiça, que enquadra o consentimento das partes com a ajuda das leis civis, a própria possibilidade do contrato repousa no reconhecimento, pelas duas partes, da primazia de uma máxima natural: "Pode ser difícil negar totalmente que a justiça consista em alguma igualdade, nem que seja simplesmente pelo fato de que, sendo todos naturalmente iguais, um não atribua a si mais direito do que aos outros."[8] Se a injustiça pode ser definida como "a não execução das conven-

---

erro para com a outra parte, há injustiça porque a terceira lei é infringida" (J. Terrel, *Hobbes: matérialisme et politique*, Paris, Vrin, 1994, p. 177).

6. *Éléments de la loi naturelle et politique*, Paris, Le Livre de Poche, 2003, I, XVI, 3, pp. 194-6; *Le Citoyen*, III, 4, p. 115; *Lév.*, XV, pp. 149-50. Segundo Grócio, o conceito de dano se insere num âmbito jurídico. "O dano é o fato de ter a menos; consiste no fato de alguém ter menos do que o que lhe pertence, seja que ele tenha o que é dele da natureza sozinha; seja que o tenha como consequência de algum fato humano, em virtude, por exemplo, do direito de propriedade ou de uma convenção; seja que o tenha da lei" (*DGP*, II, XVII, II, 1, p. 416).

7. "É necessário que os homens partilhem aquilo que podem dispensar, e que se transfiram mutuamente a propriedade que têm sobre as coisas, mediante troca e contrato mútuo. Por isso, compete à República, ou seja, ao soberano, fixar a maneira pela qual deverão ser feitos os contratos de todas as espécies entre os sujeitos (referentes, por exemplo, à compra, à venda, à troca, ao empréstimo, ao aluguel)" (*Lév.*, XXIV, p. 267).

8. *Le Citoyen*, III, 6, p. 117.

ções"⁹, isso não implica de modo algum que ela se confunda com a simples violação do compromisso das partes, pois a justiça decorre da virtude de equidade. A equidade mostra-se como a fonte original da justiça, pois ela é a virtude que se empenha em respeitar a igualdade natural entre os homens. Essa nova concepção da equidade se distingue radicalmente do significado que a tradição aristotélica havia conferido a essa noção, assimilando-a a um "corretivo da justiça legal". "Se, nessas condições, alguns exigem para si, fazendo a paz, o que não quereriam conceder aos outros, eles agem contrariamente à lei [...] que ordena reconhecer a igualdade natural."[10]

Todo indivíduo que não se curva perante as cláusulas do contrato ao qual subscreveu infringe a lei natural de equidade, que nos intima a não nos atribuir um direito que denegaríamos aos outros. O dano sofrido, mesmo que não constitua uma afronta (*injuria*), pode ser concebido como iníquo se o indivíduo é lesado em seu direito natural[11]. Basta, então, para ser justo, colocar-se no lugar do outro. A igualdade na origem do direito já não é concebida como uma proporção imanente a uma relação social, mas coincide com uma forma de reciprocidade já formulada, em seu tempo, pelo Evangelho[12]. Existe, por-

---

9. *Lév.*, XV, p. 143.
10. *Lév.*, XV, p. 154; "Eu indico como nona lei da natureza esta: que cada um reconheça o outro como sendo seu igual por natureza" (*ibid.*). Assim é o indivíduo "moderado", que não desrespeita a igualdade natural entre os homens por glória vã (*Éléments de la loi naturelle et politique*, I, XIV, 2, p. 177).
11. *Lév.*, XVIII, p. 183.
12. *Lév.*, XIV, p. 130; "Não faças a outrem o que não quererias que fizessem a ti mesmo; essa frase mostra-lhe que todo o estudo das leis da natureza que lhe compete consiste somente, quando ele pesa as ações dos outros em comparação com as deles, e elas lhe parecem pesadas demais, em pô-las no outro prato da balança, e as deles no seu lugar, a fim de que suas paixões e seu amor-próprio nada possam acrescentar ao peso" (*Lév.*, XV, pp. 157-8); *Le Citoyen*, III, 26, p. 124. Cf. Mateus 7, 12.

tanto, uma correlação essencial entre a emergência dos direitos subjetivos e a assimilação da igualdade à reciprocidade. A igualdade jurídica, a partir de então, é concebida como a detenção recíproca de direitos subjetivos.

A virtude de equidade, que coincide com o respeito da igualdade natural, constitui o fundamento natural da justiça[13], pois ela é a condição da instauração da paz entre os homens. Os indivíduos, "[...] julgando-se iguais, recusarão concluir a paz, a não ser em pé de igualdade"[14]. Pois, segundo Hobbes, tudo o que salvaguarda a paz é justo por natureza[15]. A teoria hobbesiana da justiça comutativa escapa assim ao positivismo, mas à custa de uma erradicação radical do direito natural clássico pela lei natural de equidade. Esta substitui, portanto, a lei positiva que, segundo Suarez, conseguia instituir valores ao assegurar a coordenação dos direitos subjetivos.

Nessa perspectiva, uma justa distribuição só poderá provir desse espírito de equidade[16] que concede a todos direitos de crédito iguais, defende o direito alheio como o seu próprio. Já não se trata de descobrir o direito, de estabelecer relações de igualdade dentro das relações sociais, mas de atribuir a todos direitos subjetivos iguais: "Deve-se contentar com uma liberdade para com os outros igual a que se concederia aos outros com relação a si mesmo."[17] Essa forma de igualdade permite a todos reter uma parte igual do direito natural original[18].

---

13. J. Terrel, *Les Théories du pacte social*, op. cit., p. 197.
14. *Lév.*, XV, p. 154.
15. *Le Citoyen*, III, 32, p. 128; *Lév.*, XV, pp. 159-60.
16. "Isto é na verdade uma justa distribuição e pode ser chamada (embora impropriamente) de justiça distributiva, porém mais propriamente de equidade" (*Lév.*, XV, p. 151).
17. *Lév.*, XIV, p. 129.
18. "A décima lei da natureza manda a todos ministrar a justiça com uma distribuição igual de favor às duas partes. Pela lei precedente, é proibido que nos atribuamos mais direito de natureza do que concedemos aos outros" (*Le

Portanto, o direito já não é o que rege o acordo de maneira imanente mas, apreendido sob sua forma subjetiva, ele se torna o próprio objeto do contrato. O direito já não constitui o princípio da distribuição, mas se confunde com o objeto atribuído, segundo a injunção moral inerente à virtude de equidade. O equilíbrio então é concebido como "a principal lei de natureza" à qual o juiz deve saber curvar-se[19].

Poder-se-á, nessas condições, restaurar o princípio da justiça distributiva, conceder "vantagens iguais aos homens de igual mérito"?[20] Será uma injustiça atribuir a um homem menos ou mais do que ele merece? Trata-se de identificar o significado que essas interrogações conferem à noção de mérito. Segundo Hobbes, o mérito de um indivíduo não deve ser avaliado por referência ao bem comum visado pela sociedade, ou avaliado pelo que lhe é devido pela coletividade. "O valor ou a importância de um homem é, como para qualquer outro objeto, seu preço, ou seja, o que se daria para dispor de seu poder: assim, não é uma grandeza absoluta, mas algo que depende da necessidade e do juízo alheio."[21] Portanto, o mérito de um homem parece coincidir com o valor que lhe é concedido no seio de um mercado de poderes. Com efeito, "o trabalho humano também é um bem suscetível de ser trocado com vistas a uma vantagem, como qualquer outra coisa"[22]. Se um indivíduo pode dispor da potência

---

Citoyen, III, 15, p. 121); "*ibid.*, é de presumir que em todos os casos que a lei escrita esqueceu, cumpre seguir a lei da equidade natural, que ordena dar a iguais coisas iguais" (XIV, 14, p. 251).

19. *Lév.*, XXVI, p. 302. As leis naturais também devem ser designadas como "leis morais: elas consistem nas virtudes morais tais como a justiça, a equidade e todas as disposições de espírito favoráveis à paz e à caridade" (*ibid.*, p. 305).

20. *Lév.*, XV, p. 150.

21. *Lév.*, X, p. 83. Macpherson, *La Théorie politique de l'individualisme possessif*, *op. cit.*, pp. 73-4.

22. *Lév.*, XXIV, p. 262.

de um outro, é porque o poder deste foi objeto de uma transferência, da qual provém o mérito que lhe é concedido[23]. Hobbes considera, portanto, que a noção de transferência de poder intervém tanto na esfera econômica como no campo político, mesmo que não lhe seja possível considerar, como veremos, que o homem é senhor de sua liberdade. Esse mercado de poderes vai então impor-se como um árbitro impessoal, incumbido de cumprir uma missão de distribuição, de atribuição a cada um do valor que lhe cabe. "Como para as outras coisas, assim também no que concerne ao homem, não é o vendedor mas o comprador que determina o preço. Um homem pode até (é esse o caso da maioria) atribuir-se o mais alto valor possível: seu verdadeiro valor, no entanto, não excede a estimativa que os outros fazem dele."[24] Isso quer dizer que o valor moral de um homem é relativo à oferta e à procura?[25] A desigualdade entre os homens não procede, portanto, simplesmente da lei civil[26], mas também desse mercado de poderes. Esse mercado se impõe como árbitro antes mesmo da intervenção do soberano.

Parece bem arriscado confiar a esse mercado de poderes a função exclusiva de avaliar o mérito de cada um, de determinar o que lhe é devido pela coletividade.

O direito natural à segurança

A emergência de um direito natural subjetivo vem, assim, paliar o valor insuficiente que esse mercado de

---

23. Macpherson, *La Théorie politique de l'individualisme possessif*, op. cit, p. 47.
24. *Lév.*, X, p. 83.
25. Cf. Rawls, *Théorie de la justice*, op. cit., p. 349.
26. *Le Citoyen*, III, 13, p. 120.

poderes confere a cada homem²⁷. A despeito dos direitos rudimentares que sua condição social lhe outorga, cada homem é, por natureza, titular de direitos. A ideia de um direito natural subjetivo consagra então o movimento de emancipação do indivíduo de encontro a relações sociais que traduzem as primícias da economia mercantil ou os vestígios da organização medieval.

Como poder-se-á inferir um direito natural do homem? Com a condição de recusar a natureza política do homem e de considerá-lo um indivíduo no estado de natureza, numa situação que, longe de preceder a civilização, parece resultar dela: "Na busca do direito do Estado, e do dever dos sujeitos, se bem que não se precise romper a sociedade civil, é preciso, porém, tomá-la como se estivesse dissolvida, quer dizer [que] é preciso entender qual é o natural dos homens, o que é que os torna apropriados para formar cidades ou incapazes disso."²⁸

Não obstante, Hobbes chega à conclusão de que esse estado não pode revelar um homem criado sociável por natureza: "Ainda que o homem desejasse naturalmente a sociedade, não se seguiria que ele tivesse nascido sociável, quero dizer, com todas as condições requeridas para adquiri-la."²⁹ A sociabilidade natural, defendida por Grócio, é substituída por uma atitude de desconfiança para com o próximo: "Se o receio fosse estirpado de entre os homens, eles se entregariam, por natureza, mais avidamente à dominação do que à sociedade. Portanto, é algo totalmente comprovado que a origem das maiores e das mais duradouras sociedades não vem de uma recíproca benevolência que os homens têm uns

---

27. "Não há melhor sinal de uma distribuição igual de qualquer coisa que seja do que o fato de cada um estar satisfeito com sua parte" (*Lév.*, XIII, p. 122).
28. *Le Citoyen*, prefácio, p. 71.
29. *Ibid.*, I, 2, pp. 93-4.

pelos outros, mas de um receio mútuo que eles têm uns dos outros."[30]

Mas a hipótese do estado de natureza não projeta os homens num estado de isolamento, desligado de qualquer laço social[31]. A vida solitária não está no princípio do estado de natureza, ela é sua consequência infalível se nada é empreendido para prevenir a ameaça da guerra civil[32]. Essa hipótese permite, ao contrário, elucidar a índole de um homem civilizado[33], a partir de uma "inferência tirada das paixões"[34]. O direito original não está, portanto, arraigado na natureza racional, no ser moral do homem, mas decorre de paixões privilegiadas que revelam essa índole do homem social[35].

---

30. *Ibid.*, I, 2, p. 93. "Fizeram-me essa objeção, de que não é verdade que os homens pudessem contratar pelo receio mútuo uma sociedade civil, e que, ao contrário, se eles se receassem mutuamente assim, não poderiam ter suportado a visão uns dos outros. Parece-me que esses senhores confundem o receio com o terror e a aversão. Refiro-me, com esse primeiro termo, apenas a uma pura apreensão ou previsão de um mal vindouro. E acho que não só a fuga é um efeito do receio: mas também a suspeita, a desconfiança, a precaução, e até acho que há medo em tudo contra o que nos precavemos e com que nos fortificamos contra o receio" (*ibid.*, p. 94).

31. O procedimento de Hobbes, neste ponto, não é estritamente nominalista (cf. M. Villey, *Essais de philosophie du droit, op. cit.*, pp. 187-8).

32. "A vida do homem é então solitária, necessitada, penosa, quase animal, e breve" (*Lév.*, XIII, p. 125; J. Terrel, *Les Théories du pacte social, op. cit.*, p. 142). "Que um estado de pura natureza, noutras palavras, de liberdade absoluta, tal como aquele dos homens que não são soberanos nem súditos, seja um estado de anarquia e de guerra [...]" (*Lév.*, XXXI, p. 378).

33. Montesquieu e Rousseau apresentam, portanto, sob a forma de uma objeção o que se aparenta com uma leitura de Hobbes particularmente penetrante (*De l'esprit des lois*, Paris, GF, 1993, I, 2) [trad. bras. *O espírito das leis*, São Paulo, Martins Fontes, 4.ª ed., 2005]; "todos, falando sem parar de necessidade, de avidez, de opressão, de desejos e de orgulho, transportaram para o estado de natureza ideias que haviam tirado da sociedade. Falavam do homem selvagem e pintavam o homem civil" (*Discours sur l'origine et les fondements de l'inégalité parmi les hommes*, Paris, GF, p. 158). [Trad. bras. *Discurso sobre a origem e os fundamentos da desigualdade entre os homens*, São Paulo, Martins Fontes, 2.ª ed., 2005.]

34. *Lév.*, XIII, p. 125.

35. Como salientou Rousseau, "Hobbes viu muito bem o defeito de todas as definições modernas do direito natural" (*Discours sur l'origine et les fondements de l'inégalité parmi les hommes, op. cit.*, I, p. 195).

Os homens saídos do estado de natureza são colocados em pé de igualdade: "A diferença de um homem para outro não é tão considerável que um homem possa por essa razão reclamar para si mesmo uma vantagem a qual um outro não possa pretender."[36] Nessa condição marcada pela igualdade das forças, nenhum homem pode submeter duradouramente um outro.

Fica então evidente que o estado de natureza abandona os homens na fruição de uma liberdade ilimitada. Essa liberdade poderá ainda ser concebida como uma "faculdade moral"? Quando Suarez emite a hipótese da pura natureza, ele não se arrisca a deduzir o direito subjetivo de um estado de natureza, no qual a vontade humana estaria subtraída à dominação da lei natural.

O pensamento de Hobbes não é, sobre esse ponto, desprovido de ambiguidade: poderíamos considerar que é a partir do dever de se conservar, que se impõe como a lei do estado de natureza, que se pode inferir dele um direito, uma liberdade na escolha dos meios para assegurar a conservação pessoal[37]. Se consideramos que o direito positivo tira sua legitimidade da lei natural[38], ele então é definido como "liberdade irrepreensível"[39]. Mas a lei natural que chegaria a fundar o direito positivo ainda poderia ser concebida como uma lei, já que não exerce nenhuma coerção exterior, nada subtrai à liberdade de se

---

36. *Lév.*, XIII, p. 121.

37. Assim como observa H. Warrender, os homens não parecem livres para se abster de assegurar sua conservação (*The Political Philosophy of Hobbes*, Oxford, Clarendon Press, 1957, p. 216).

38. "Em todo caso, a liberdade natural, que as leis mais deixaram do que estabeleceram, é um direito: pois, sem elas, essa liberdade permaneceria inteira; mas a lei natural e a divina lhe deram a primeira restrição" (*Le Citoyen*, XIV, 3, p. 244).

39. *Éléments de la loi naturelle et politique*, I, XIV, 6, p. 179. M. Villey, *La Formation de la pensée juridique moderne*, *op. cit.*, pp. 658-9; *Essais de philosophie du droit*, *op. cit.*, p. 190.

conservar?⁴⁰ Se o direito é a detenção de um poder livre, ele não pode ser outorgado por uma lei que é acima de tudo obrigação, fonte de deveres⁴¹. Ao passo que nós nos empenhamos simplesmente, até agora, em estudar as diferentes maneiras pelas quais o direito e a lei se distinguem, Hobbes aparece como o primeiro autor que ousa sustentar que a lei é o contrário do direito: "A lei é um vínculo, o direito, uma liberdade, e são coisas diametralmente opostas."⁴² Uma vez que o direito é concebido como uma liberdade que desobriga, nada mais distingue a obrigação jurídica da obrigação legal.

Se o direito subjetivo, apreendido como uma faculdade moral, procede de uma prescrição da lei natural, o direito natural original, concebido por Hobbes, parece impor-se por causa do silêncio da lei. A liberdade já não procede da obrigação que se impõe a uma vontade separada de suas inclinações sensíveis, mas decorre do silêncio ensurdecedor da lei. A liberdade surge como um direito subjetivo, uma qualidade inerente ao sujeito, em razão da ausência de qualquer lei transcendente ao estado de natureza⁴³.

Assim se manifesta uma nova figura do direito natural, que já não é vinculada a uma relação social, mas concebida como um poder livre outorgado pela condição natural dos homens: "O direito de natureza [...] é a liberdade que todos têm de usar como quiser seu poder próprio para a preservação [...] de sua própria vida."⁴⁴ Hobbes é, porém, um dos raros pensadores do contrato social a

---

40. M. Villey, *Essais de philosophie du droit, op. cit.*, p. 194.
41. "A essência da lei não é soltar, mas amarrar" (*Éléments de la loi naturelle et politique*, II, X, 5, p. 338).
42. *Le Citoyen*, XIV, 3, p. 245.
43. *Lév.*, VI, p. 48; XIII, p. 126.
44. *Lév.*, XIV, p. 128.

não alicerçar sua filosofia política na existência de uma vontade livre, mas na negação do livre-arbítrio[45]. O desejo que deriva necessariamente do receio de um perigo é assimilado a uma vontade livre[46]. A liberdade natural aqui traduz simplesmente a ausência de obstáculos legais que poderiam constranger, do exterior, a vontade necessária de dispor de todos os meios para salvaguardar nossa vida[47]. O direito natural de um indivíduo não cria, pois, nenhuma obrigação jurídica para outro[48].

Essa vontade livre que surge da dissipação de toda instância legal será suficiente para erigir um autêntico direito natural do homem? Esse poder ilimitado de querer se converte verdadeiramente em direito apenas se é submetido à exigência original de conservação pessoal. O direito supõe o uso racional de nossa liberdade[49]. O homem ávido de glória não dispõe de direito nenhum. Isso traz a prova de que Hobbes resiste à força de atração exercida pelo pensamento de Maquiavel e renuncia a deduzir o direito natural do comportamento efetivo dos homens.

Segundo Hobbes, o receio da morte violenta é o foco primitivo da justiça ao qual se deve vincular todo poder natural para transformá-lo em direito subjetivo. Se essa liberdade ilimitada se impõe a despeito de toda lei, é porque a vulnerabilidade da condição natural dos homens justifica o que emana do receio da morte violenta[50]. O que

---

45. *Lév.*, XXI, p. 222.
46. *Ibid.*
47. *Lév.*, XIV, p. 128.
48. J. Terrel, *Hobbes: matérialisme et politique, op. cit.*, p. 160.
49. M. Villey, *Essais de philosophie du droit, op. cit.*, p. 192.
50. "Não há, portanto, nada para recriminar nem para repreender, não se faz nada contra o uso da reta razão quando, por todos os tipos de meios, trabalha-se pela conservação própria, defende-se o corpo e os membros da morte, ou das dores que a precedem. Ora, todos admitem que o que não é contra a reta razão é justo, e é feito com todo o direito. Pois com as palavras justo

é feito com todo direito poderá, assim, atentar contra a equidade ou a justiça⁵¹. Paradoxalmente, uma liberdade jurídica, construída artificialmente, decorre forçosamente do receio da morte violenta.

Hobbes inventa, assim, uma nova concepção da igualdade natural que traduz uma condição compartilhada por todos, capaz de fragmentar os grupos sociais. "Dessa igualdade das aptidões decorre uma igualdade na esperança de atingir nossos fins."⁵² Ora, a igualdade na detenção das forças naturais converte a igualdade da esperança numa igualdade do receio: "Por causa dessa igualdade das forças, e de outras faculdades, que se encontra entre os homens no estado de natureza [...] ninguém pode ficar seguro de sua conservação, nem esperar alcançar um tempo muito longo de vida."⁵³ As desigualdades sociais entre os homens podem ser suspensas pela consideração de uma forma de igualdade fundamental: a igualdade perante o risco da morte violenta. Todos os indivíduos estão expostos a uma insegurança igual que chega a desagregar o princípio da coesão de cada grupo social. A coesão de classe induzida pelas desigualdades sociais é suprimida pelo receio da morte violenta, igualmente compartilhada por todos os cidadãos⁵⁴. A despeito das desigualdades sociais provocadas pelo desejo

---

e direito não queremos dizer outra coisa senão a liberdade que cada um tem de usar suas faculdades naturais, conformemente à reta razão. Donde tiro a conclusão de que o primeiro fundamento do direito da natureza é que cada um conserva, tanto quanto pode, seus membros e sua vida" (*Le Citoyen*, I, 7, p. 96; *Éléments de la loi naturelle et politique*, I, 14, p. 179). "Certo grau soberano de receio" (*Le Citoyen*, II, 18, pp. 109-10); cf. L. Strauss, *La Philosophie politique de Hobbes*, Paris, Belin, 1991.

51. J. Terrel, *Hobbes: matérialisme et politique, op. cit.*, p. 177, nota 3.
52. *Lév.*, XIII, p. 122.
53. *Le Citoyen*, I, 16, p. 100.
54. Macpherson, *La Théorie politique de l'individualisme possessif, op. cit.*, p. 105.

exacerbado de honras e de riquezas, a provação da insegurança consegue restaurar, no próprio seio de uma sociedade injusta, uma forma de igualdade primitiva.

Enquanto não se manifesta o receio da morte violenta, a hipótese do estado de natureza chega a deixar de lado a sociedade política, sem suspender as diferentes posições sociais. A concepção hobbesiana do estado de natureza não implica somente o deslocamento do poder soberano, mas também a dissolução de toda posição social. O receio da morte violenta confere, portanto, a cada qual um direito natural subjetivo cujo exercício no seio do estado civil traria o risco de provocar o ressurgimento do estado de natureza.

Essa elaboração radical do estado de natureza constitui uma antecipação surpreendente da construção conceitual que conduzirá Rawls à hipótese da "posição original"[55]. Mas, com Hobbes, a igual aspiração à segurança se impõe em detrimento das exigências da justiça social.

O direito natural de propriedade

O segundo direito original que se pode inferir da natureza do homem é a propriedade. Segundo Locke, a propriedade usufruída por um homem deve ser entendida num sentido genérico, ela inclui "sua vida, sua liberdade e seus bens"[56]. Portanto, a propriedade aqui não é

---

55. Rawls, *Théorie de la justice, op. cit.*, p. 550.
56. *Second Traité du gouvernement civil*, Paris, PUF, 1994, VII, 87, p. 62; os homens têm "o projeto de se unir para a preservação mútua de sua vida, de sua liberdade e de seus bens, ao que dou o nome genérico de propriedade" (IX, 123, p. 90). "Por propriedade, deve-se entender, aqui como alhures, a propriedade que os homens têm sobre sua pessoa bem como aquela que têm sobre seus bens" (XV, 173, p. 127); cf. Macpherson, *La Théorie politique de l'individualisme possessif, op. cit.*, p. 159, nota 3.

somente a posse juridicamente garantida, mas o domínio (*dominium*) propício à constituição de uma individualidade livre. Locke se insere, assim, na tradição de pensamento segundo a qual os direitos do indivíduo provêm de um *dominium* natural de cada um que se exerce igualmente sobre a sua própria vida, sua liberdade, assim como sobre seus bens[57]. A propriedade, concebida segundo essa acepção genérica, mostra-se a base indispensável da liberdade[58]. Logo, a liberdade já não é apreendida como original, aparece como um instrumento privilegiado[59] a serviço de um domínio natural, de um *dominium* primordial. Portanto, já não é o receio da morte violenta que transforma o nosso poder natural em direito, mas a obrigação que compete ao homem de exercer um domínio soberano sobre o campo moral que lhe é próprio. Ao passo que Hobbes não se arriscou a inferir o direito natural de assegurar a conservação pessoal a partir de um *dominium* qualquer, Locke restabelece a tradição, iniciada por Gerson e desenvolvida por Suarez e Grócio, segundo a qual o homem é proprietário de sua liberdade[60].

No entanto, no capítulo V do *Segundo tratado*, Locke se empenha em explicar o nascimento da propriedade privada concebida num sentido restrito, como a posse juridicamente garantida de uma coisa. Essa própria concepção restrita do direito de propriedade vai cindir-se em duas formas distintas, conforme essa posse seja limitada pelo uso ou se torne ilimitada pela invenção da moeda.

---

57. R. Tuck, *Natural Rights Theories, op. cit.*, pp. 3, 169-71.
58. Cf. J.-F. Spitz, *John Locke et les fondements de la liberté moderne, op. cit.*, p. 302.
59. A liberdade constitui a muralha da salvaguarda do indivíduo (*Second Traité*, III, 17).
60. R. Tuck, *Natural Rights Theories, op. cit.*, pp. 26-7, 29-30, 170.

Não obstante, quando Locke declara que "o fim capital e principal" do Estado é a conservação da propriedade[61], a qual forma de propriedade ele se refere? Será a propriedade embrionária, limitada pelo uso, ou então a propriedade ilimitada que deriva da invenção da moeda?

Segundo Locke, os homens foram colocados por Deus numa "condição natural" que convém descrever. O estado de natureza não se reduz a um estado de guerra e de anarquia, mas supõe a presença de uma comunidade natural e pacífica, já que os homens são submetidos às leis que emanam de Deus[62]. A doutrina de Locke resgata, assim, o ensinamento de Suarez, a sociabilidade natural é obra da vontade divina, o homem foi criado sociável por natureza. "Deus fez do homem uma criatura tal que, segundo seu próprio juízo, não era bom para ele ficar sozinho; ele o submeteu a uma forte obrigação, a um só tempo de necessidade, de conveniência e de inclinação, para o impelir a entrar em sociedade [...]."[63] Logo, o estado de natureza submete o homem a uma lei natural instituída por Deus.

Qual será a concepção da lei natural proposta por Locke? Segundo a análise da lei natural já apresentada por Suarez, essa lei encontra o princípio de sua legalidade na vontade de um superior, que implantou em nosso

---

61. *Second Traité*, IX, 124.
62. "Aqui, temos a diferença evidente entre o estado de natureza e o estado de guerra; se bem que alguns os tenham confundido, esses dois estados são tão distantes um do outro como o são, de um lado, um estado de paz, de boa vontade, de assistência mútua e de preservação e, do outro, um estado de inimizade, de maldade, de violência e de destruição mútua do outro" (*Second Traité*, III, 19, p. 16; IX, 128). "Não devemos nos espantar nem um pouco de a história nos dizer muito poucas coisas sobre a vida dos homens no estado de natureza" (*ibid.*, VIII, 101, p. 73).
63. *Ibid.*, VII, 77, p. 56.

coração um mandamento[64], sendo a razão humana apenas a fonte de sua interpretação[65]. Portanto, é à razão humana de cada homem que cabe descobrir as regras de ação que convêm à sua qualidade de criatura racional e social[66]: "A razão, que é essa lei, ensina a todos os homens que se dão ao trabalho de consultá-la que, sendo todos iguais e independentes, nenhum deve prejudicar o outro em sua vida, sua saúde, sua liberdade e suas posses. Pois os homens são todos obra de um único Operário onipotente e infinitamente sábio."[67]

Essa lei natural, que toda criatura racional tem condições de elucidar, apresenta-se, portanto, segundo a perspectiva clássica, como a garante da justiça das leis positivas: essa lei natural é "tão inteligível e tão clara [...] quanto as leis positivas das repúblicas; talvez seja até ainda mais clara, uma vez que a razão é mais fácil de compreender do que as fantasias e as esquisitas invenções pelas quais os homens traduzem em palavras seus interesses secretos e contrários. Pois, na verdade, é nisso que consiste a maior parte das leis civis dos diferentes países; e elas só são justas na medida em que se fundamentam na lei de natureza, segundo a qual se deve regulamentá-las e interpretá-las"[68].

---

64. "Essa lei estava inscrita no coração de todos os homens" (*ibid.*, II, 11, p. 10).

65. *Questions Concerning the Law of Nature*, p. 101, citado por J.-F. Spitz, *Second Traité*, p. 178, nota 9.

66. "Se bem que agora não esteja em minha intenção entrar aqui no detalhe da lei de natureza ou da extensão das punições que ela comporta, é entretanto certo que existe tal lei e que, ademais, ela é tão inteligível e tão clara – para uma criatura racional que queira estudá-la – quanto as leis positivas das repúblicas" (*Second Traité*, II, 12, p. 10).

67. *Ibid.*, II, 6, p. 6.

68. *Ibid.*, II, 12, pp. 10-1. "Se a lei de natureza não obriga os homens, nenhuma lei humana positiva pode obrigá-los, porquanto as leis do magistrado civil tiram sua força apenas do poder de obrigar da lei de natureza" (*Questions Concerning the Law of Nature*, citado por J.-F. Spitz, *Second Traité*, p. 181, nota 21).

Mas, apesar da relativa indeterminação que atinge os preceitos da lei natural enquanto a razão humana não se sujeitar à sua exegese, essa lei nos outorga imediatamente o direito natural de executá-la. "Pois a lei de natureza, como todas as outras leis que concernem aos homens, seria vã se não houvesse ninguém, no estado de natureza, que tivesse o poder de fazê-la executar."[69] Esse poder executivo conferido ao indivíduo procede, assim, de um poder legislativo divino, pois Deus é o legislador da lei natural[70]. Essa lei concede, portanto, a cada homem um direito subjetivo, um poder lícito que ele pode legitimamente exercer sobre os outros. Por intermédio dessa lei, "um homem adquire um poder sobre um outro [...] um poder de fazê-lo sofrer, na medida em que a calma razão e a consciência o ditam, o que é proporcional à sua transgressão"[71]. Mas Locke esboça uma distinção no próprio seio dessa faculdade moral entre "dois direitos distintos, um, o de punir o crime para reprimir e prevenir a volta de faltas semelhantes, é um direito que se encontra em todos; o outro, o que consiste em exigir reparações, pertence apenas à parte lesada"[72].

Esse direito natural de punir o culpado permite identificar retroativamente o teor da lei natural já revelado pela lei noáquica: "É nisso que repousa a grande lei de natureza: *quem derramou o sangue de um homem, seu próprio sangue será derramado pelo homem.*"[73]

---

69. *Ibid.*, II, 7, p. 7. Locke fica impressionado com "essa estranha doutrina" segundo a qual "no estado de natureza qualquer um possui o poder de pôr a lei de natureza em execução" (II, 13, p. 11). Como dissemos, essa doutrina do direito natural de punir remonta a Grócio. Cf. Grócio, *DGP*, I, IV, II, 1, p. 132; R. Tuck, *Natural Rights Theories, op. cit.*, p. 173.

70. J. Dunn, *La Pensée politique de John Locke, op. cit.*, p. 136.

71. *Second Traité*, II, 8, pp. 7-8.

72. *Ibid.*, II, 11, p. 9. O direito de reparação escaparia, assim, a uma eventual decisão de perdão do magistrado que é habilitado para suspender apenas "o direito comum de punir" (*Second traité*, II, 11, p. 9).

73. *Ibid.*, p. 10; cf. Gênese 9, 6.

A identificação dos preceitos da lei natural supõe, assim, a exploração da relação entre o Criador e sua criatura. O estado de natureza se apresenta como um estado jurídico que repousa numa ordem teológica. Os homens têm atribuídos a si deveres que manifestam a finalidade intimada à natureza deles pela providência divina[74]. Esse estado jurídico ancorado na finalidade natural impõe à igualdade a forma da reciprocidade. É um "estado de igualdade, em que todo poder e toda jurisdição são recíprocos, ninguém tendo mais do que outro [...]"[75].

No estado de natureza, todos os homens são iguais, ou seja, livres de qualquer sujeição a outrem[76]. Somos submetidos por natureza apenas a Deus e à sua lei[77]. É por Deus ter criado o homem que ele permanece proprietário de sua vida[78]. Dado que o homem não possui nenhum poder arbitrário sobre a sua vida, ele não poderá, pois, transferir um poder absoluto ao soberano[79]. Se o indivíduo não se pertence integralmente, é ligado a deveres naturais, que traduzem os fins que foram atribuídos

---

74. J. Dunn, *La Pensée politique de John Locke, op. cit.*, pp. 112, 115.
75. *Second Traité*, II, 4, p. 5.
76. "Se bem que eu já tenha dito, no capítulo II, que todos os homens são iguais por natureza, não se pode supor que eu queria falar de todos os tipos de igualdade." Trata-se simplesmente da "igualdade em que se encontram todos os homens quando se trata do direito de jurisdição ou de dominação de um sobre o outro; e é dessa igualdade que eu falava [...] ela consiste num direito igual que todo homem possui a sua liberdade natural, sem ser sujeito à vontade ou à autoridade de nenhum outro" (*ibid.*, VI, 54, p. 40).
77. "A liberdade de natureza consiste em não ser submetido a nenhuma coação além daquela da lei de natureza" (*ibid.*, II, 22).
78. "Pois os homens são, todos eles, obra de um único operário onipotente e infinitamente sábio [...] são, portanto, propriedade daquele de quem são a obra" (*ibid.*, II, 6, p. 6). Um homem que não desenvolvesse suas faculdades naturais poderia, pois, ser acusado de espoliar Deus (J. Dunn, *La Pensée politique de John Locke, op. cit.*, pp. 253-4). No entanto, Filmer, confundindo a criação divina com a geração humana, considera abusivamente que um pai é proprietário da vida do filho porque o gerou.
79. *Second Traité*, IV, 23.

à sua natureza: o dever de se conservar vivo, de preservar seu ser moral a título de criatura divina, o dever de zelar pela conservação da humanidade quando está certo de ter assegurado a sua[80]. A lei natural é portadora de uma obrigação moral, pois vincula os homens às injunções que Deus lhes prescreveu. "Pois, em sua acepção verdadeira, a lei não consiste tanto em limitar um agente livre e inteligente quanto em guiá-lo para seus próprios interesses, e ela não prescreve mais do que o que conduz ao bem geral daqueles que são sujeitos a essa lei."[81] Locke considera, portanto, que a lei natural, apreendida como a regra "da razão e da equidade comum"[82], constitui o vínculo que Deus instaurou entre os homens para a salvaguarda mútua deles[83]. O criminoso é quem se deixou levar para "a via dos bichos", "ele deixou de fato a via da razão, que Deus deu aos homens para ser a regra das relações mútuas deles e o vínculo comum pelo qual o gênero humano devia ser reunido numa só sociedade"[84].

Portanto, fica claro que o homem deve ser dotado de certa forma de liberdade a fim de cumprir seus deveres. Seguindo a linha reta da concepção do direito subjetivo elaborada por Suarez, a liberdade não é concebida como uma "licença", como a faculdade de agir ao sabor de sua vontade[85], mas é apreendida como a capacidade de ser obrigado[86]. Locke encontra, pois, a concepção do direito

---
80. *Ibid.*, II, 6, p. 7; XI, 135.
81. *Ibid.*, pp. 41-2.
82. *Ibid.*, II, 8, p. 8.
83. J. Dunn, *La Pensée politique de John Locke, op. cit.*, p. 177.
84. *Second Traité*, XV, 172, pp. 126-7. "Ao abandonar a razão, que é a regra dada para reger as relações de homem com homem, e ao recorrer à força, que é a via dos bichos" (*ibid.*, XVI, 181, p. 133).
85. *Ibid.*, II, 6, p. 6; VI, 57, p. 42.
86. J. Dunn, *La Pensée politique de John Locke, op. cit.*, pp. 181-2.

subjetivo, apreendido como uma qualidade moral que se liga a uma liberdade vinculada por injunções racionais. A lei natural faz uma obrigação pesar sobre a vontade humana que é constitutiva de sua liberdade: "A finalidade da lei não é abolir ou restringir, mas preservar e ampliar a liberdade; e, em todas as condições dos seres criados que são capazes de viver segundo as leis, quando não há lei, não há liberdade."[87]

Mas, mesmo que a liberdade derive da lei natural, ela se torna objeto de um direito de propriedade. Como vimos, cada homem é proprietário tanto de sua liberdade como de seus bens.

Assim, segundo Locke, o direito natural não se deduz de uma relação imanente de igualdade, mas procede de uma relação vinculada pela finalidade natural instituída por Deus. Os direitos subjetivos se tornam, portanto, os meios indispensáveis ao homem para o cumprimento de seus deveres, e não mais instrumentos destinados a saciar desejos voláteis. O direito é o que permite assegurar a segurança do inocente[88]. O homem dispõe do direito de agir para se conservar vivo.

O direito de propriedade decorre infalivelmente desse direito primordial. Se Deus doou o mundo à humanidade inteira[89], a lei natural concede a cada homem

---

87. *Second Traité*, VI, 57, p. 42.
88. "Segundo a lei fundamental da natureza, o homem deve ser preservado tanto quanto possível; e quando nem todos podem ser preservados, deve ser preferida a segurança do inocente" (*ibid.*, III, 16, p. 14; *ibid.*, II, 20, p. 17). J. Dunn, *La Pensée politique de John Locke, op. cit.*, p. 178.
89. É importante aqui, para Locke, refutar a tese defendida por Filmer, segundo a qual, na origem, a posse de todas as coisas não era comum mas concedida a Adão e a seus herdeiros (*Second Traité*, V, 25, p. 21; cf. J. Dunn, *La Pensée politique de John Locke, op. cit.*, p. 76). Embora o significado histórico do *Segundo tratado* se estabeleça, de maneira privilegiada, pelo confronto com o pensamento de Filmer, no âmbito de um estudo genealógico referente ao conceito de direito permanece pertinente o cotejo com Hobbes.

o direito de se apropriar de uma parte das riquezas comuns para suprir às suas necessidades[90]. Locke acompanha a tradição tomista, afirmando que a lei natural é a fonte da legitimidade moral da propriedade privada, mas a ruptura se realiza quando o trabalho se impõe como o fundamento da divisão das posses[91].

Mesmo que os homens pertençam em última instância apenas a Deus, como cada indivíduo, na ordem do direito humano, é "proprietário de sua própria pessoa [...] o trabalho de seu corpo e a obra de suas mãos [...] lhe pertencem como coisa particular"[92]. Uma vez que o zelo e a energia desenvolvidos pela atividade laboriosa são indissociáveis do trabalhador, este possuirá por direito os efeitos de seu trabalho. Portanto, existe um direito natural à propriedade dos frutos do nosso trabalho. Assim como Deus é proprietário de nossas vidas porque a criou, o homem é proprietário dos frutos de seu trabalho[93]. O receio da morte violenta é relegado em proveito do trabalho que se torna produtor de direitos[94]. Locke tenta substituir a análise hobbesiana, que coloca a insegu-

---

90. Hobbes já salientava que a lei natural, que nos recomenda buscar a paz, nos intima a renunciar ao comunismo original, o qual é a expressão do "direito sobre todas as coisas" (*Le Citoyen*, IV, 4, p. 131). Por essa assimilação, Hobbes considera a comunidade original edênica um fermento de discórdia, que está na origem do assassínio de Abel.

91. Qual é o elemento que, em Tomás de Aquino, desempenha o papel de delimitação reservado ao trabalho? (*Somme théologique*, II-II, 66, 1, resp.) Grócio já considera que o trabalho constitui uma das formas da apropriação (R. Tuck, *Natural Rights Theories, op. cit.*, p. 171).

92. *Second Traité*, V, 27, p. 22.

93. "Já não sendo hoje o objeto principal da propriedade os frutos da terra e os animais que vivem em sua superfície, mas a própria terra. [...] Por seu trabalho [o homem] a cerca, por assim dizer, separando-a do que é comum" (*Second Traité*, V, 32, p. 25).

94. "Ser-nos-á fácil conceber sem nenhuma dificuldade como o trabalho pôde, na origem, criar um direito de propriedade sobre as coisas comuns da natureza" (*Second Traité*, V, 51, p. 38).

rança no fundamento do direito, pela perspectiva de uma tranquilidade assentada no trabalho[95]. Se ligamos essa análise à doutrina calvinista da vocação, a referência ao trabalho já não é somente o sinal manifesto do advento do capitalismo, mas se apresenta também como uma obrigação moral que resulta da queda original[96].

Cada um detém, assim, um direito de propriedade sobre o produto de sua indústria, mas esse direito permanece limitado pelo uso. Com efeito, como o homem não dispõe de nenhum direito sobre o que não é necessário à sua sobrevivência, ele não pode, sem transgredir a lei natural, deixar que se deteriorem coisas[97] cujo uso ele não tem, pois elas continuam por isso a pertencer ao criador delas. Não é tanto o cuidado com o outro quanto o escândalo moral do desperdício o que limita a propriedade[98].

Mas Locke de maneira alguma considera que, no seio de um estado de necessidade, o dever de caridade possa conduzir a suspender a delimitação em propriedades[99]. Invoca "o direito urgente e prioritário daqueles que estão em perigo de morte" apenas para opô-lo à reivindicação de uma reparação desproporcional dos danos de guerra[100]. Visto que o direito de propriedade privada pode ser inferido da condição natural dos homens, o estado de

---

95. J. Dunn, *La Pensée politique de John Locke, op. cit.*, pp. 260-2.
96. *Ibid.*, pp. 123, p. 252, 266.
97. "A maior parte das coisas realmente úteis à vida são coisas perecíveis, isso quer dizer que se alteram e estragam quando não as utilizamos para o consumo" (*Second Traité*, V, 46, p. 35).
98. "Deus não fez nada para o homem a fim de que ele o estrague ou o destrua" (*ibid.*, V, 31, p. 24). Se Deus criou tudo visando algum bem, nada pode ser destruído sem concorrer para isso, o que explica a iniquidade do desperdício (J. Dunn, *La Pensée politique de John Locke, op. cit.*, p. 103).
99. R. Tuck, *Natural Rights Theories, op. cit.*, p. 172; J. Dunn, *La Pensée politique de John Locke, op. cit.*, p. 217.
100. *Second Traité*, XVI, 183, p. 135.

necessidade não pode provocar o ressurgimento da posse em comum original, anterior a esse estado de natureza. É, na melhor das hipóteses, essa forma de propriedade privada, limitada pelo uso, que poderíamos ver ressurgir numa situação de urgência. O estado de necessidade permitiria então a cada indivíduo voltar a ser proprietário.

No entanto, parece que não seja essa propriedade embrionária que o Estado tenha como objetivo proteger. Nesse estado de natureza, o governo civil não parece necessário, já que o homem não tem condições de se propiciar mais do que pode consumir, ou de privar o outro da parte necessária à sua subsistência. A impotência física do indivíduo, entregue às suas próprias forças, favorece a sociabilidade natural. Essa condição original permite o surgimento de uma "idade de ouro", em que só se deixa o estado de natureza para se submeter a um governo moderado, no qual não se levanta nenhuma discórdia entre governantes e governados[101].

Não obstante, por influência da invenção da moeda, de um ato convencional[102], o direito natural de propriedade vai perder sua estabilidade aparente para sofrer uma metamorfose radical: o direito de adquirir sem limite substitui o direito de desfrutar o que é necessário à vida[103].

O direito ilimitado de adquirir é uma metamorfose do "direito sobre todas as coisas" definido por Hobbes?[104]

---

101. *Ibid.*, VIII, 111, p. 82: "as primeiras idades do mundo" (*ibid.*, V, 36, p. 27); sobre a monarquia guerreira, não hereditária (*ibid.*, VIII, pp. 107-8), cuja missão principal consiste em proteger os cidadãos contra os ataques exteriores.

102. "O valor imaginário do dinheiro" (*ibid.*, XVI, p. 184).

103. *Ibid.*, V, 50.

104. Para Hobbes, esse direito sobre todas as coisas não estabelece nenhuma propriedade duradoura, uma vez que não pode haver meu e teu no estado de natureza (*Lév.*, XIII, p. 126).

O direito subjetivo natural mostra-se a partir daí ainda mais instável e inconstante do que o direito natural objetivo, pois ele repousa em desejos variáveis e oscilantes[105]. A todo momento um desejo de acumulação desenfreada pode se transformar em desejo desvairado de gastar.

A demonstração conduzida por Locke parece esbarrar numa série de dificuldades fundamentais. Sua solução é crucial, pois, na medida em que o Estado é instituído para garantir um direito de propriedade original, trata-se de identificar o fim legítimo que limita a extensão de seu poder. O Estado terá sido edificado para proteger essa primeira forma de propriedade, limitada pela consideração do direito de uso de todos, contra os abusos ligados à apropriação passional desencadeada pela invenção da moeda? Ou então o Estado deverá preservar a aquisição ilimitada das fortunas contra as reivindicações dos indivíduos espoliados? O direito natural que o Estado deve salvaguardar será limitado pela preocupação com o bem comum? A sociedade será o instrumento de aplicação da lei natural ou o aparelho de salvaguarda de um direito natural ilimitado?

O que procuram os homens quando inventam a moeda? Para Locke, a instituição do dinheiro proporcionou aos homens a ocasião de conservar e de aumentar suas posses[106]. A invenção da moeda favorece a liberação do desejo mais intenso do ser humano[107]. O homem natural é frustrado, não pode possuir mais do que o estrito

---

105. Como transformar no objeto de um respeito universal inclinações sensíveis contingentes? (Kant, *Fondements de la métaphysique des mœurs*, II, p. 115.)

106. *Second Traité*, V, 48.

107. "Nos primórdios, quando o desejo de possuir além de suas necessidades ainda não alterara o valor intrínseco das coisas, que depende apenas da utilidade delas para a vida do homem [...]" (*Second Traité*, V, 37, p. 28).

140 GENEALOGIA DO DIREITO MODERNO

necessário. Antes da instauração da moeda, o *dominium* natural parece garantir apenas uma forma de existência primitiva. O dinheiro assegura a extensão das posses, o progresso do comércio, sem risco de deterioração dos bens consumíveis. No estado de natureza, os homens podem, assim, estabelecer contratos comerciais[108].

Mas, embora consigam trocar bens cuja posse é legítima, até que ponto podem apropriar-se do trabalho alheio? Segundo Locke, as relações salariais não são evidentemente incompatíveis com o estado de natureza: "Um homem livre se constitui por si só o servidor de um outro vendendo-lhe, por um tempo determinado, os serviços que ele se compromete a prestar-lhe em troca do salário que receberá [...] entretanto, ele dá ao patrão apenas um poder temporário sobre ele, e esse poder não vai além do que contém o contrato que firmaram."[109] O salariado supõe, pois, um contrato que se baseia no consentimento das partes.

Não obstante, as consequências da aquisição ilimitada podem deixar a cada um, como meio de subsistência, apenas a venda de sua própria força de trabalho. Cumpre, porém, dissociar os escravos que "perderam por seus erros o direito que tinham sobre a sua vida, assim como a sua liberdade e seus bens" dos servidores que só alienaram temporariamente a propriedade de sua força de trabalho[110]. "Reconheço que vemos, entre os judeus e

---

108. "As promessas e os mercados de escambo entre os dois homens da ilha deserta de que Garcilasso de la Vega fala em sua história do Peru, ou então entre um suíço e um indígena nas florestas da América, obrigam-nos, claro, um em relação ao outro, se bem que estejam num perfeito estado de natureza. Pois a verdade e o respeito da palavra dada pertencem aos homens como homens, e não como membros de uma sociedade" (*Second Traité*, II, 14, p. 12; I, 4, p. 5).

109. *Ibid.*, VII, 85, pp. 60-1. "A turfa que meu servidor cortou [...] [se torna] minha propriedade" (*ibid.*, V, 28, p. 23).

110. *Ibid.*, VII, 85, p. 61. "Não tendo nenhum poder sobre sua própria vida, o homem não pode, por contrato ou consentimento, tornar-se escravo de outra pessoa" (*ibid.*, IV, 23, pp. 19-20).

em outras nações, homens que se venderam a si mesmos; mas é claro que era como homens que fazem trabalho pesado e não como escravos."[111] Na medida em que o direito, como vimos, é deduzido de relações morais instituídas por Deus, nenhum mal pode ser infligido ao indivíduo cuja imoralidade tornou escravo, enquanto o servidor permanece juridicamente protegido[112].

Portanto, é impressionante constatar que, quando Locke se refere, no âmbito da análise do salariado, à propriedade alienável da força de trabalho, ele suspende o significado genérico que conferiu ao conceito de propriedade. A alienação temporária da propriedade da força de trabalho não implicaria aquela da vida e da liberdade; o homem, em virtude do *dominium*, permanece proprietário de sua liberdade. É o que explica a ambiguidade fundamental do conceito de propriedade em Locke, que ora inclui a vida e a liberdade, ora as exclui assim que cumpre distinguir o salariado da escravidão[113].

Entretanto, em que sentido o desejo de aquisição ilimitado poderá tornar-se um direito? Não será condenado pela tradição religiosa com a qual Locke recusa romper? Apesar da condenação moral que pesa sobre a cupidez[114], Locke justifica moralmente o direito ilimitado de adquirir, de se entregar à apropriação infinita, por sua consequência essencial, a felicidade de todos. Será ainda possível sustentar que as riquezas acumuladas em virtude desse direito de aquisição ilimitado concorrem para a prosperidade de todos? "O rei de um território vasto e

---

111. *Ibid.*, IV, 24, p. 20.
112. J. Dunn, *La Pensée politique de John Locke, op. cit.*, p. 118.
113. Macpherson, *La Théorie politique de l'individualisme possessif, op. cit.*, pp. 241-2.
114. "L'amor sceleratus habendi" (*Second Traité*, VIII, 111, p. 82). Cf. Macpherson, *La Théorie politique de l'individualisme possessif, op. cit.*, p. 260.

fértil não é tão bem nutrido, alojado e vestido quanto um jornaleiro na Inglaterra."[115] Se o desenvolvimento da apropriação ilimitada provoca uma penúria de terras, esta seria, não obstante, compensada pelo crescimento da produtividade: "Aquele que se apropria por si só de uma terra por seu trabalho não diminui, mas ao contrário aumenta, os recursos comuns do gênero humano. Pois a quantidade de bens úteis à manutenção da vida humana produzida por um acre de terra cercada e cultivada é dez vezes maior [...] do que aquela produzida por um acre de terra de igual riqueza, mas que permanece inculta e comum."[116] Se a delimitação das propriedades favorece a preservação da humanidade, não subsiste nenhum antagonismo entre o dever de caridade e a acumulação ilimitada. O direito de propriedade em Locke, sem poder ser suspenso pelo dever de caridade, permanece limitado por ele[117]. Rawls se lembrará dessa análise no momento de formular o princípio de diferença – as desigualdades sociais ou econômicas sempre devem ser introduzidas em benefício dos desfavorecidos[118].

O desejo de acumulação ilimitada se torna um direito assim que é vinculado à teoria clássica da lei natural, que nos intima a zelar pelo bem comum da sociedade. Locke tenta inserir no âmbito de uma lei natural um desejo aparentemente incompatível com esta. Ao mesmo tempo, os preceitos da lei natural que nos convidam a buscar a paz e a nos preocupar com o bem da humanidade se tornam regras da razão que parecem ser dedu-

---

115. *Second Traité*, V, 41, p. 32.
116. *Ibid.*, V, 37, p. 29; Macpherson, *La Théorie politique de l'individualisme possessif, op. cit.*, pp. 233-5.
117. J. Dunn, "Justice and Locke's Political Theory", *Political Studies*, vol. XVI, 1968, pp. 74, 81.
118. Rawls, *Théorie de la justice, op. cit.*, pp. 109, 115.

zidas de um direito natural desde então original. Como manter a primazia da lei natural se ela descobre sua fonte num direito subjetivo original?

Designando esse desejo de acumulação como um direito natural subjetivo, Locke atribui ao Estado um fim legítimo. O direito de propriedade que resulta desse desejo de acumulação é a partir daí constituído como direito original, inalienável e natural do homem.

Qual é a concepção do bem comum apresentada aqui por Locke? Mesmo que ele pareça referir-se à noção de interesse comum quando leva em conta o interesse bem compreendido "dos jornaleiros", dos mais desfavorecidos, ele parece, porém, defender uma concepção do bem comum de inspiração tomista. A sociedade política é dotada de uma dimensão normativa em razão da finalidade imanente que a enerva. O Estado deve não só permitir aos indivíduos proteger suas propriedades, mas também cumprir os fins de sua natureza e conformar-se às injunções divinas.

No entanto, enquanto a sociedade política tende a preservar o bem comum, a permitir aos cidadãos realizar as virtualidades morais da natureza deles, ela pode, não obstante, acolher em seu seio formas de injustiça social, de distribuição desigual dos bens exteriores[119]. Segundo Locke, alguns dirigentes poderiam até ficar tentados a desviar essa finalidade natural em seu proveito, para servir seus interesses privados[120]. Logo, encontramos aqui a questão central que a leitura de Tomás de Aquino permitiu-nos levantar: até que ponto o respeito do bem comum poderá atentar contra os direitos do indivíduo?[121]

---

119. J. Dunn, *La Pensée politique de Locke*, op. cit., pp. 132-3.
120. *Second Traité*, XIV, 164, p. 121.
121. "Já que o fim do governo é o bem da comunidade, todas as mudanças que lhe trazem e que tendem a esse fim não podem usurpar os direitos de ninguém" (*ibid.*, XIV, 163, pp. 119-20).

Deveremos então considerar que, para Locke, as desigualdades sociais só se tornam um alvo quando são obstáculo para as vocações individuais, para a realização de nossos deveres morais?[122] De maneira recíproca, como dissemos, a busca exclusiva do desenvolvimento de nossa natureza moral poderia justificar certas formas de desigualdade social, sem provocar o menor estado de necessidade.

Poder soberano e direitos subjetivos

Qual será a forma que esses direitos à segurança e à propriedade assumirão no estado civil? Como salienta Hobbes, cada particular detém uma parte da liberdade que usufruía no estado de natureza[123]. O direito que os homens detêm na sociedade política deve ser inferido da natureza do ato contratual pelo qual os indivíduos edificam o poder soberano: "É no ato em que fazemos nossa submissão que residem a um só tempo as nossas obrigações e a nossa liberdade."[124]

Hobbes assim como Locke extrai da escola do direito natural a tese da origem contratual da soberania. Os homens dispõem do direito de estabelecer uma soberania legislativa, pois é um dos meios que podem reivindicar a fim de assegurar sua própria conservação. A fonte da soberania está no poder que cada um possui, por direito de natureza, de governar-se a si mesmo[125], ao passo que seu fundamento se encontra na convenção pela

---

122. J. Dunn, *La Pensée politique de John Locke, op. cit.*, p. 252.
123. "Aquilo que nomeamos próprio é o que cada particular pode manter para si sem infringir as leis" (*De Cive*, VI, 15, Paris, Sirey, 1981, pp. 159-60).
124. *Lév.*, XXI, p. 229.
125. *Lév.*, XVII, p. 177.

qual os indivíduos consentem em transferir uma parte desse direito natural para garantir seus direitos inalienáveis à segurança e à propriedade.

Se "ninguém pode conferir a outro mais poder do que ele tem em si mesmo"[126], é preciso, pois, distinguir a parte do direito natural da qual o indivíduo se despoja para instituir a soberania daquela que, precisamente por não poder ser objeto de uma transferência, atribui ao poder soberano seu fim legítimo. Os indivíduos se destituem do direito, que lhes é conferido pelo estado de natureza, de governar-se a si mesmos a fim de proteger a liberdade e a propriedade inalienáveis deles[127]. "Os direitos do homem" coincidem com a parte inalienável do direito natural.

Para Hobbes, a fim de pôr um termo na lógica de guerra que reina no estado de natureza, indivíduos se comprometem, uns para com os outros, a renunciar ao seu "direito sobre todas as coisas"[128] e a autorizar todas as ações que o beneficiário dessa desistência poderá realizar para lhes assegurar a conservação. Portanto, é pela instituição de um representante único que uma multidão desordenada de homens tem acesso ao estatuto jurídico de povo[129].

Qual será a natureza desse ato de instituição? Não se trata somente de renunciar ao exercício de meu direito ilimitado sobre todas as coisas, mas também de conceder a um representante o direito de agir em meu nome, de efetuar, para assegurar minha conservação, ações das

---

126. *Second Traité*, XI, 135, p. 243.
127. "Os próprios sábios viram que era preciso resolver-se a sacrificar uma parte de sua liberdade à conservação da outra, como um ferido manda cortar o braço para salvar o resto do corpo" (Rousseau, *Discours sur l'origine et les fondements de l'inégalité parmi les hommes*, II, pp. 219-20).
128. *Lév.*, XIV, p. 129.
129. *Lév.*, XVI, p. 166.

quais eu não deixo de ser o autor[130]. Cada um dos indivíduos se compromete reciprocamente a ser o autor de todas as ações executadas pelo soberano.

Uma vez que cada indivíduo autoriza, por um mandato ilimitado, seu representante a recorrer a todas as medidas úteis para preservar a segurança do povo[131], o poder soberano erigido por esse ato contratual dispõe de um direito ilimitado, absoluto[132].

Dado que os sujeitos simplesmente se comprometeram uns para com os outros a autorizar todas as ações do soberano, o poder soberano não é amarrado por nenhuma convenção, ele não é limitado por nenhuma obrigação contratual[133]. A obrigação política que repousa no consentimento, na transferência do direito de se governar, é, portanto, unilateral.

No entanto, a natureza absoluta da soberania não depende somente da especificidade do ato contratual, mas também da finalidade da instituição política: a segurança dos sujeitos[134]. Segundo Hobbes, a finalidade buscada pela sociedade civil não é necessariamente um princípio de limitação da soberania, mas pode constituir a justificação cabal de seu caráter absoluto. Somente um poder absoluto conseguirá reduzir as dissensões entre

---

130. J. Terrel, *Les Théories du pacte social, op. cit.*, pp. 181-2.
131. *Lév.*, XVII, p. 178; XVIII, p. 184.
132. "Ninguém suporta, de fato, nenhuma obrigação que não emane de um ato que ele mesmo estabeleceu, já que por natureza todos os homens são igualmente livres" (*Lév.*, XXI, p. 229). "Ninguém é obrigado por uma convenção da qual não é o autor" (*Lév.*, XVI, p. 164).
133. *Lév.*, XVIII, pp. 181-2; *Le Citoyen*, VI, 20, pp. 164-6. Não obstante, como salientou com toda justeza M. Villey, o soberano permanece parte de um contrato, de uma troca de prestações recíprocas, já que ele define e sanciona o direito dos sujeitos, mesmo quando não é obrigado a isso por nenhum contrato, por nenhum compromisso (*Lév.*, XIV, pp. 132-3; cf. *La Formation de la pensée juridique moderne, op. cit.*, p. 673 e nota 1).
134. *Le Citoyen*, VI, 13, p. 156.

cidadãos, submetê-los, como o requer a paz civil, a uma única vontade soberana[135]. Hobbes estima, pois, que homens disseminados no estado de natureza são mais temíveis para cada um deles do que o poder absoluto de um Estado soberano. O que equivale, segundo Locke, a aceitar, para se precaver contra "os gambás e as raposas", ser devorado "por leões"[136]. Hobbes acreditou, dadas as circunstâncias históricas de que era testemunha, que as consequências da anarquia deveriam ser mais temidas do que os abusos do poder monárquico. Retoma, assim, expressamente, a análise que Bodin opunha à teoria huguenote do direito de resistência: "A licenciosa anarquia [...] que é pior do que a mais forte tirania do mundo."[137] Os direitos privados dos cidadãos são solidamente garantidos uns em relação aos outros, mas podem ser suspensos a qualquer momento pela onipotência do Estado: "A propriedade que um sujeito tem referente às suas terras consiste no direito de proibir seu uso a qualquer outra pessoa; mas não no direito de proibi-lo ao soberano."[138] É nesse âmbito que a expropriação e a espoliação podem tornar-se legí-

---

135. Os cidadãos perdem, assim, o direito de agir de acordo com sua consciência, ou seja, segundo sua opinião privada (*Lév.*, XXIX, p. 345).
136. *Second Traité*, VII, 93, p. 68; "Quem está exposto ao poder arbitrário de um único homem que tem 100 000 sob suas ordens encontra-se, de fato, numa situação bem pior do que quem está exposto ao poder arbitrário de 100 000 indivíduos isolados" (*ibid.*, XI, 137, p. 100).
137. *La République*, Paris, Livre de Poche, 1993, prefácio, p. 50; IV, 7, p. 402; VI, 4, p. 522.
138. *Lév.*, XXIV, pp. 264-5; XXIX, pp. 346-7. A doutrina segundo a qual "todo particular tem de seus bens uma propriedade absoluta [...] tende à dissolução da República" (*Lév.*, XXIX, p. 346). Locke não deixa de refutar esse ponto: "Pois a propriedade não está em absoluto em segurança, mesmo que existam leis justas e equitativas que lhe determinem os respectivos limites entre os sujeitos, quando aquele que comanda a esses mesmos sujeitos possui o poder de tirar das pessoas privadas a parte da propriedade delas que lhe agrada e de usá-la ou dispor dela como convém" (*Second Traité*, XI, 138, pp. 101-2; XI, 139; XVI, 192).

timas. A restrição das liberdades públicas se mostra, portanto, a condição da segurança dos direitos privados.

As leis civis estabelecidas pela vontade do legislador se tornam, nesse contexto, uma fonte maior de direito, elas estatuem sobre o justo e o injusto[139]. Qual é a concepção da lei civil proposta por Hobbes? Dentre "as leis humanas positivas", ele opera uma distinção entre as "leis penais [...] que dão a conhecer qual pena deverá ser infligida àqueles que violam a lei" e as "leis distributivas [...] que determinam os direitos dos sujeitos, dando a conhecer a todos o que os faz adquirir e conservar a propriedade das terras e dos outros bens, e um direito ou uma liberdade de ação"[140]. Encontramos, no âmbito dessa análise da lei civil, a tese, vislumbrada por Suarez, segundo a qual a distribuição já não está no princípio do direito, mas se limita a repartir direitos subjetivos já constituídos. Essa concepção distributiva da lei positiva se apoia numa análise etimológica: "Isso os antigos conheciam bem, e o denominavam *nomos*, ou seja, repartição, isso a que chamamos lei."[141]

Hobbes parece assim atenuar o poder criador de direito que o pensamento tomista conferia à lei positiva. Esta parece perder seu poder criador, permite simplesmente guardar uma parcela de um direito subjetivo já possuído. A lei civil é incumbida de coordenar os direitos subjetivos de cada um e não de revelar as formas de igualdade imanentes às relações sociais.

Se a lei civil se apresenta como o comando de um poder soberano, é com a condição de visar o justo: "A lei civil é, para cada sujeito, o conjunto das regras que a Re-

---

139. *Lév.*, XXVI, pp. 282, 289, 306.
140. *Ibid.*, XXVI, p. 306. *Le Citoyen*, XIV, 6, p. 246; Suarez, *De legibus*, I, 6, 17, p. 178.
141. *Ibid.*, XXIV, p. 263.

pública [...] mandou-lhe usar para distinguir o direito e o errado, ou seja, o que é contrário à regra e o que não lhe é contrário."[142] Mas o recurso ao conceito de comando não deixa pairar nenhuma dúvida sobre a concepção positivista da justiça que atua aqui. "Há comando quando se diz 'Faça isto' ou 'Não faça isto' e quando não se tem de esperar outra razão além da vontade daquele que fala assim [...] a razão de seu comando é sua própria vontade e nada mais."[143] A justiça já não é uma forma de igualdade imanente à ordem social, ou a obediência a uma lei natural ou divina, ela supõe a obediência aos comandos do soberano. As leis civis definem as obrigações cujo respeito é garantido pela força pública, mas às quais o legislador não pode ser sujeitado[144]. Renunciando ao seu direito natural sobre todas as coisas, os indivíduos deixaram ao soberano o uso de um direito natural absoluto[145].

A liberdade civil dos cidadãos "reside [...] apenas nas coisas sobre as quais, ao regulamentar as ações deles, o soberano silenciou"[146]. Ademais, o Estado-Leviatã não dispõe de nenhum domínio sobre a liberdade de consciência dos sujeitos. Segundo Hobbes, é inconsequente querer "estender o poder da lei, que é somente a regra das ações, aos próprios pensamentos e à consciência dos homens, escrutando-lhes o sentimento por exame e inquisição, não obstante a conformidade de suas palavras e ações"[147].

---

142. *Ibid.*, XXVI, p. 282. *Le Citoyen*, VI, 9, p. 153.
143. *Ibid.*, XXV, p. 271.
144. *Ibid.*, XXVI, p. 283.
145. O soberano "tem sobre os particulares um poder tão grande e justo quanto cada um tem fora da sociedade sobre sua própria pessoa" (*Le Citoyen*, VI, 18, p. 163).
146. *Ibid.*, XXI, pp. 224, 232; XXVI, p. 311.
147. *Ibid.*, XLVI, p. 691. "Um particular sempre tem a liberdade [pois o pensamento é livre] de acreditar ou não acreditar em seu coração" (*ibid.*, XXXVII, p. 471). "Quanto ao pensamento e à crença interiores dos homens, dos

Como conciliar a orientação absolutista dessa concepção da soberania[148] com a inelutável persistência de uma parte do direito natural na sociedade civil?[149]

Não há, parece, nenhuma conciliação possível, o ato de autorização ilimitado não restringe em absoluto o direito natural de salvaguardar a vida: "Permitindo-lhe matar-me, nem por isso sou obrigado a matar a mim mesmo se ele me ordenar."[150] Como o sujeito poderá resistir àquilo do que se reconhece o autor?[151] Para superar essa dificuldade, é preciso voltar à dissociação entre o mecanismo de despojamento e o processo de autorização[152]. Se a transferência de direito cria uma obrigação de obedecer, esta é limitada pelos direitos que permanecem inalienáveis. Em compensação, se a autorização é ilimitada, ela não é portadora de nenhuma obrigação, já que cada sujeito atém-se a reconhecer a autoridade de um poder soberano já constituído[153]. Se compreendemos que

---

quais os chefes humanos não podem ter conhecimento (pois apenas Deus conhece o coração), eles não são voluntários e não resultam das leis, mas da vontade não revelada e do poder de Deus" (*ibid.*, XL, p. 496). A consciência dos apóstolos era "livre, e suas palavras e ações não eram sujeitas a ninguém além do poder civil" (*ibid.*, XLVII, p. 705).

148. O fim da atividade legislativa é a restrição do direito natural do homem (*ibid.*, XXVI, pp. 285-6). É inevitável que "incômodos resultem da instituição de um poder soberano" (*ibid.*, XVIII, p. 191; XX, p. 219). O "nome tirania não significa nada mais, nada menos, que o de soberania" (*ibid.*, *revisão e conclusão*, p. 717).

149. "É necessário à vida humana conservar certos direitos" de natureza (*ibid.*, XV, p. 154).

150. *Ibid.*, XXI, p. 230. "De fato, não se supõe que ninguém possa, por ocasião da instituição do poder soberano, abandonar o direito de preservar seu próprio corpo, sendo toda soberania criada com o intuito da salvaguarda deste" (*ibid.*, XXVII, p. 314).

151. J. Terrel, *Les Théories du pacte social*, *op. cit.*, p. 180.

152. *Lév.*, XVII, p. 177; J. Terrel, *Hobbes: matérialisme et politique*, *op. cit.*, pp. 233-4.

153. "Ora, que a transação do direito consista unicamente na privação da resistência, podemos compreendê-lo bem, porque antes da transmissão, aquele a quem ela é feita já tinha o direito sobre todas as coisas; de sorte que ele não adquire nada de novo" (*Le Citoyen*, II, 4, p. 104; VI, 18, p. 163).

o despojamento dos sujeitos permite ao soberano deter um direito natural ilimitado, fica evidente que o soberano "não recebeu deles seu direito de agir, mas somente seu direito de agir em nome deles"[154]. O caráter ilimitado da soberania não implica uma obrigação incondicional de obedecer[155]. Assistimos, pois, à colisão de duas soberanias antagonistas, pois os sujeitos não abdicaram de todo direito de resistência[156].

Nessa perspectiva, Hobbes considera que a deserção do campo de batalha pode ser aceita; quando os soldados "não o fazem por traição, mas por medo, não se estima que cometam um ato injusto, mas um ato pouco honrável"[157]. Assim também, nessa ocasião ele levanta a questão já estudada do direito de necessidade: "Se um homem está desprovido de alimentos ou de qualquer outra coisa necessária à sua vida, e se só puder assegurar sua conservação por alguma ação contrária à lei: por exemplo, se no decorrer de uma grande miséria ele se apodera, pela violência ou furtivamente, de alimentos que não pode obter por dinheiro ou por caridade."[158] Hob-

---

154. Retomamos aqui o princípio da formidável explicação que J. Terrel consagra a esse texto (*Les Théories du pacte social, op. cit.*, pp. 182-3).

155. *Ibid.*, p. 317.

156. "É diferente se digo que vos dou o poder de comandar tudo o que vos aprouver; e se prometo que farei tudo o que vós comandareis; pois vós me podereis comandar tal coisa, que eu preferirei morrer a fazê-la. Como, pois, ninguém é obrigado a consentir em sua morte, menos ainda é obrigado a querer o que lhe parece pior do que a morte. Se vós me comandais matar-me, não serei obrigado a vos obedecer, seja qual for o poder que eu vos tenha dado; e ainda que eu recuse, vosso império não deixa de ser absoluto" (*Le Citoyen*, VI, 13, p. 156).

157. *Lév.*, XXI, p. 231. Segundo Locke, no âmbito da "disciplina militar", o direito de propriedade do soldado parece prevalecer sobre seu direito à vida: "Vemos que um sargento, que pode dar a um soldado a ordem de andar sobre a boca de um canhão ou de ficar numa brecha onde é quase certo ser morto, não pode, entretanto, ordenar a esse soldado que lhe dê um pêni de seu dinheiro" (*Second Traité*, XI, 139, p. 102).

158. *Lév.*, XXVII, p. 323.

bes retoma aqui a argumentação já desenvolvida por Grócio: no seio do estado de necessidade, cada um recobra o direito natural transferido, mas essa restauração já não é, porém, limitada por considerações ligadas ao interesse comum[159]. Ademais, segundo Hobbes, não assistimos a uma restauração do estado de inocência, mas a um ressurgimento do estado de natureza, provocado pelo exercício de um direito de resistência que se aparenta com um ato de rebelião[160]. O estado de necessidade provoca a partir daí a restauração de um direito natural original sobre todas as coisas, e já não cria, segundo a concepção tomista, as condições de uma suspensão do direito pela moral, inerente ao estado de inocência. Uma vez que o direito natural subjetivo é deduzido do estado de natureza, deveremos considerar que ele só encontra as condições de seu pleno exercício no momento em que a sociedade civil está em via de dissolução?

Visto que o contrato aparece como o fundamento da obrigação política, nossa liberdade se estende assim a tudo o que é impossível transferir por convenção[161]; o que Hobbes limita não é a soberania, mas o poder do consentimento – existem direitos que nenhum homem pode transmitir mesmo que o deseje ardentemente[162].

Não obstante, o direito natural subjetivo chega a limitar o poder soberano?[163] A originalidade do pensamento de Hobbes consiste em salientar que é impossível erigir direitos que supõem uma limitação qualquer do poder

---

159. R. Tuck, *Natural Rights Theories*, op. cit., pp. 152-3.
160. "Essa recaída no estado de guerra, a que chamam comumente rebelião" (*Lév.*, XXVIII, p. 338).
161. *Ibid.*
162. *Lév.*, XIV, pp. 131-2; XXI, pp. 233-4. "Tudo isso provém do direito de cada um, que ninguém pode abandonar mesmo que o quisesse" (Espinosa, *Traité théologico-politique*, trad. fr. J. Lagrée e P.-F. Moreau, Paris, PUF, 1999, XX, p. 633 [trad. bras. *Tratado teológico-político*. São Paulo, Martins Fontes, 2008])
163. J. Terrel, *Les Théories du pacte social*, op. cit., pp. 352-3.

soberano[164]. Os únicos direitos naturais que podemos inferir do homem são aqueles cuja violação suspende efetivamente a soberania, acarretando com isso uma volta da anarquia, da guerra civil. É ilusório pensar que um direito do homem poderia limitar a soberania política, ele consegue simplesmente instituí-la ou destituí-la.

Quais são os direitos do homem que podemos extrair desse direito monolítico a não dar fim a seus dias, mesmo quando o Estado decide que esse sacrifício é justo?

"É necessário à vida humana conservar certos direitos, tais como o de governar seu corpo, fruir o ar, a água, o movimento, a livre passagem de um lugar para o outro, e de todas as outras coisas sem as quais um homem não pode viver, ou não pode viver comodamente."[165] O direito natural de conservar a vida não abrange somente a liberdade absoluta de preservar as funções vitais do organismo[166], mas implica, além da legítima defesa, uma verdadeira liberdade de movimento. "A própria vida [...] é apenas movimento e sempre envolve desejo."[167] É evidente que "aquele cujos desejos atingiram seu termo já não pode viver"[168].

O cidadão detém assim um direito natural a todas as "comodidades" que previnem a extinção do desejo. A reivindicação dessas "comodidades" decorre do justo receio da perda da vontade de viver[169]. Quais são essas co-

---

164. É da essência da soberania ser absoluta (*Lév.*, XX, p. 219).
165. *Lév.*, XV, p. 154. *Le Citoyen*, III, 14, pp. 120-1; *Éléments de la loi naturelle et politique*, I, XVII, 2, p. 202.
166. *Lév.*, XXX, p. 357. Sobre a definição do movimento vital, cf. *Lév.*, VI, p. 46.
167. *Ibid.*, VI, p. 58.
168. *Ibid.*, XI, p. 95. "Não ter nenhum desejo é estar morto" (*ibid.*, VIII, p. 70).
169. A vida deve ser conservada em "condições que não a deixam penosa para suportar" (*Lév.*, XIV, p. 132; *Le Citoyen*, X, 1, p. 195). Cf. Y. C. Zarka, *La Décision métaphysique de Hobbes*, Paris, Vrin, 1999, pp. 268-9.

modidades que encontraremos nas repúblicas de instituição bem como nas repúblicas de aquisição?[170] Além da preservação da paz civil, o Estado deve permitir a seus súditos viver em "segurança", ou seja, poder usufruir bens que são adquiridos por uma "indústria legítima"[171]. Embora o soberano esteja acima das leis civis, ainda assim é obrigado a respeitar o fim para o qual foi instituído. Ele é "obrigado por lei de natureza" a buscar "a segurança do povo"[172].

A doutrina hobbesiana da lei natural

Então como conceber a noção de lei natural no pensamento de Hobbes? As leis naturais já não são apreendidas como injunções que emanam de uma natureza racional. A fonte da lei natural coincide com uma inclinação sensível primordial, já não se trata de se referir a uma natureza racional em ruptura com as tendências primitivas do ser humano. Enquanto o direito subjetivo se fundamenta no receio da morte violenta, a lei natural se assenta no esforço pelo qual cada indivíduo tenta perpetuar seu movimento vital[173]. As leis naturais se confundem então com as diferentes regras racionais que cada indivíduo deve respeitar para assegurar sua conservação. Elas são preceitos morais, descobertos pela razão, pelos quais os homens limitam seu direito natural sobre todas

---

170. Sobre o caráter fictício do modelo da instituição, em contraste com o modelo de aquisição em contato com a história, cf. J. Terrel, *Les Théories du pacte social, op. cit.*, p. 165; Foucault, "Guerre et souraineté chez Hobbes", *Il faut défendre la société*, Paris, Hautes Études, Gallimard-Le Seuil, 1997. *Le Citoyen*, XIII, 4, pp. 230-1. Sobre a distinção entre esses dois tipos de república, cf. *Lév.*, pp. 178, 716-7.
171. *Lév.*, XXX, p. 357; *Le Citoyen*, XIII, 4, p. 231.
172. *Lév.*, XXX, p. 357; XXIX, p. 346.
173. *Ibid.*, VI, p. 46.

as coisas a fim de viver em segurança: "A lei de natureza é o que nos dita a reta razão no tocante às coisas que temos de fazer ou de omitir para a conservação da nossa vida e das partes do nosso corpo."[174]

Como interpretar essa nova referência à "reta razão"? "Pela reta razão no estado natural dos homens, não me refiro, como fazem vários autores, a uma faculdade infalível, mas ao ato próprio e verdadeiro da raciocinação, que cada um exerce sobre essas ações. [...] Nomeio o raciocínio verdadeiro, que é fundamentado em verdadeiros princípios e educado em boa ordem. Porque toda infração das leis naturais vem do raciocínio errado, ou da tolice dos homens, que não se dão conta de que os deveres e os serviços que eles prestam aos outros retornam a eles mesmos, e são necessários à sua própria conservação."[175] Se a elucidação do conteúdo da lei natural é abandonada a um raciocínio individual, falível, que cada um faz sobre suas próprias ações, como ainda será possível considerar o ensinamento da reta razão a expressão de uma lei?

Hobbes torna a encontrar, assim, a lancinante indagação já formulada por Suarez referente à legalidade da lei natural. "Temos o costume de chamar com o nome de lei essas prescrições da razão; mas é impróprio: elas são, de fato, apenas conclusões ou teoremas concernentes ao que favorece a conservação e a defesa dos homens, enquanto a lei é propriamente a palavra daquele que, de direito, comanda os outros."[176]

No entanto, Hobbes parece ter-se referido primeiro à definição tomista da lei, concebida como um vínculo

---

174. *Le Citoyen*, II, 1, p. 102.
175. *Ibid.*, p. 103. Cf. R. Sève, *Leibniz et l'école du droit naturel, op. cit.*, pp. 16-7 e nota 56.
176. *Lév.*, XV, p. 160.

entre o agente e uma maneira de agir[177]. Mas esse vínculo já não se baseia numa finalidade natural qualquer, impõe-se por sua racionalidade, seu caráter não contraditório. Seria contraditório esperar conservar-se sem respeitar a aspiração de cada um à igualdade. Enquanto para Tomás de Aquino a lei natural é uma regra imanente em virtude da qual um ser tende a realizar os fins fixados por sua natureza, segundo Hobbes ela coincide com uma regra racional que permite a cada indivíduo satisfazer o desejo primordial de se conservar vivo.

Não obstante, Hobbes salienta que toda lei natural "liga *in foro interno*". "Noutras palavras: somos obrigados por elas a desejar que tenham efeito; mas elas nem sempre obrigam *in foro externo*, ou seja, a aplicá-las."[178]

Embora o tribunal da consciência se furte às leis civis, acompanhadas de sanções, Hobbes se reconcilia com a asserção tradicional, segundo a qual Deus reina sobre o foro interior, "dispõe dos corações de todos os homens"[179]. Portanto é a partir dessa relação com Deus, inerente ao foro interior, que a dimensão imperativa dos preceitos da lei natural pode ser restaurada: "Se consideramos esses teoremas na medida em que os recebemos da palavra de Deus que, por direito, comanda todas as coisas, então é com propriedade que as denominamos leis."[180] Com efeito, se Deus comanda todas as coisas "por direito", não é em virtude de sua providência natural que se exerce indiferentemente sobre os seres animados ou inanimados, mas em razão de sua potência irresistível de sancionar os mandamentos que ele promulgou em favor dos homens[181]. Tal é a realeza natural de Deus

---
177. *Somme théologique*, I-II, 90, 1, resp.
178. *Lév.*, XV, p. 158.
179. *Ibid.*, XLIV, p. 644.
180. *Ibid.*, XV, p. 160.
181. *Ibid.*, XXXI, pp. 380-1; *Le Citoyen*, XV, 2-3-5, pp. 260-3.

"segundo a qual ele governa, pelas prescrições naturais da reta razão" e pelos castigos que lhes acompanham a transgressão[182].

Ora, trata-se simplesmente de descobrir que as violações da lei natural são acompanhadas de castigos naturais: "Dado que os castigos dão seguimento à violação das leis, castigos naturais naturalmente devem seguir à violação das leis de natureza e, portanto, segui-las como seus efeitos não artificiais, mas naturais."[183] Se, no contexto do pensamento materialista de Hobbes, a lei natural não pode ser inata, conatural ao espírito, a tomada de consciência de seus preceitos provém, pois, da experiência e da provação das sanções naturais.

Nesse sentido, as leis naturais podem ser concebidas como "eternas e universais", elas se distinguem "das leis divinas positivas" que provêm "dos mandamentos de Deus que não existem desde tempos imemoriais e não se dirigem universalmente a todos os homens"[184].

Ainda que Hobbes retome a afirmação tradicional segundo a qual as leis naturais foram impostas por Deus[185], ele adota o partido radicalmente inovador que consiste em deduzir o teor dessas leis morais apenas do direito natural. Ele volta, assim, contra Suarez, a distinção que este havia estabelecido entre a forma imperativa e a matéria racional da lei natural[186]. Uma lei natural não é nada

---

182. *Ibid.*
183. *Lév.*, XXXI, p. 392. "Assim é que a intemperança vem a ser naturalmente castigada por doenças; a imprudência, por desagradáveis acidentes; a injustiça, pela violência dos inimigos; o orgulho, pela ruína; a covardia, pela opressão; o governo negligente dos príncipes, pela rebelião; a rebelião, pelo massacre" (*ibid.*, pp. 391-2).
184. *Ibid.*, XXVI, p. 306.
185. *Ibid.*, XV, p. 160; XXI, p. 225; XXIX, p. 346; XXX, p. 357; XXXI, p. 383; *Le Citoyen*, III, 23, pp. 128-9; XV, 3, p. 261, e 8, p. 265.
186. *De legibus*, II, 6, 7, p. 436.

mais que uma regra da razão que obriga os homens a se inquirir sobre os melhores meios para salvaguardar sua vida[187]. A tal ponto que Hobbes vai reduzir essas leis morais à dimensão social delas: elas constituem "os meios de uma vida aprazível, social, agradável"[188]. O direito natural subjetivo aparece, portanto, no princípio dos preceitos da lei natural. O receio da morte violenta assegura a emergência de uma moral que, empenhando-se em reger nossa liberdade originária, justifica-lhe a legitimidade[189]. Nosso direito originário à liberdade se encontraria, então, na fonte de nossas obrigações morais.

O respeito das leis naturais permite, assim, aos cidadãos libertar-se do imediatismo do apetite, para ter acesso à previsão de seus interesses a longo prazo. A vulnerabilidade de nossa condição desperta em nós um cálculo clarividente, capaz de medir as consequências que resultam de atos insensatos[190]. O receio que a nossa fraqueza nos inspira, a experiência das sanções imanentes, mostra-se assim o fundamento da obrigação moral[191].

Não obstante, Hobbes retoma a questão clássica ligada à relativa indeterminação das leis naturais: "Não cobiçarás, que rege apenas a ação interior da alma, é uma lei puramente natural; mas esta: não furtarás, é natural e civil ao mesmo tempo."[192] Portanto, é à lei civil que compete circunscrever o campo de aplicação da lei natural.

---

187. *Lév.*, XIV, p. 128.
188. *Ibid.*, XV, p. 160.
189. "Concluo, portanto, que a lei de natureza comanda os bons costumes e a virtude, pelo fato de ela ordenar abraçar os meios da paz, e que, com toda razão, deve ser nomeada lei moral" (*Le Citoyen*, III, 31, p. 127).
190. Sobre a figura do insensato que conta com um benefício imediato da falta à palavra dada por desconhecimento de suas repercussões futuras, cf. *Lév.*, XV, pp. 144-5.
191. *Le Citoyen*, XV, 7, p. 264; "quase todos os homens são levados pelo sentimento de sua própria fraqueza" (*ibid.*, XVI, 1).
192. *Ibid.*, XIV, 14, p. 251.

Enquanto a lei natural proíbe "o furto, o adultério etc., todavia, se a lei civil manda se apropriar de alguma coisa, essa invasão não deve ser considerada um furto ou um adultério"[193].

Qual será então o princípio da obrigação que sujeita o soberano ao respeito das leis morais, arraigadas no direito natural? Hobbes salienta que, embora o soberano não possa ser injusto, ele pode infligir danos, ou seja, dar prova de iniquidade, atentar contra a equidade natural. "É verdade que os detentores do poder soberano podem cometer a iniquidade: mas o mesmo não ocorre com a injustiça, com o erro, tomados no sentido próprio dessas palavras."[194] Mesmo que o soberano não seja responsável perante seus súditos, ele responde, não obstante, perante Deus pelas obrigações que lhe cabem para com eles[195]. O assassínio de um inocente pelo soberano constitui uma injustiça apenas no que respeita a Deus[196].

Mas, além dessa responsabilidade cabal, a onipotência soberana que não zela pela segurança do povo se enfraquece: "É um soberano fraco aquele que tem súditos fracos."[197] Nesse sentido, o preceito natural recobra sua dimensão legal, já que é imediatamente vinculado a uma sanção natural: a miséria pública. A fraqueza da potência soberana constitui, tanto quanto a vulnerabilidade hu-

---

193. *Ibid.*, XIV, 10, p. 248.
194. *Lév.*, XVIII, p. 183; "nada do que o representante soberano pode fazer a um súdito pode, a qualquer título que seja, ser nomeado injustiça ou erro" (*Lév.*, XXI, p. 225).
195. J. Terrel, *Hobbes: matérialisme et politique, op. cit.*, p. 246.
196. *Lév.*, XXI, p. 225. O sacrifício de Urias por Davi (2 Reis 11) não é "uma injustiça cometida relativamente a Urias, mas uma injustiça cometida com relação a Deus: não para com Urias, porque o direito de fazer o que ele quisesse fora dado a Davi pelo próprio Urias; mas relativamente a Deus, porque Davi era súdito de Deus que, pela lei de natureza, proíbe qualquer ofensa à equidade" (*ibid.*).
197. *Lév.*, XXX, p. 370. *Le Citoyen*, XIII, 2, pp. 229-30.

mana, uma fonte natural de obrigação. Embora o soberano seja obrigado, por uma lei natural, a respeitar o fim da instituição, isso não significa que está ligado por um compromisso contratual a disposições constitucionais[198], mas que deve esforçar-se para prevenir a dissolução da República. Com efeito, se as leis naturais são leis fundamentais, cuja transgressão acarreta a dissolução do Estado[199], é porque elas constituem a condição da obediência dos súditos, do respeito de seus comprometimentos mútuos. Nenhum Estado pode assegurar duradouramente sua conservação com base no mero recurso ao "terror do castigo legal"[200] para impor medidas iníquas. Existiria, portanto, uma relação natural e objetiva entre o respeito do soberano por sua missão de proteção e a obediência dos súditos.

O direito de resistência

Poder-se-ia opor ao Estado absolutista hobbesiano o Estado moderado desejado por Locke, favorável ao estabelecimento de uma monarquia constitucional, limitada pelo consentimento da maioria.

Essa demarcação incontestável dissimula o fato de que tanto em Hobbes como em Locke o pacto social é um contrato de sujeição[201]. Ao cabo de um acordo pelo qual os indivíduos se comprometem uns com os outros, cada um consente em aceitar a decisão da maioria, submete-se a uma obrigação política. Sem transferir à autoridade política os direitos inalienáveis à propriedade e

---

198. *Lév.*, XXIX, p. 346.
199. *Ibid.*, XXVI, pp. 310-1.
200. *Ibid.*, XXX, p. 358.
201. *Second Traité*, VIII, 97.

à liberdade, o indivíduo cede simplesmente o poder de fixar as condições de exercício destes[202]. Segundo Locke, trata-se de abdicar do direito de julgar por si mesmo sanções que é legítimo infligir a toda violação da lei natural[203].

O contrato social confere, portanto, ao poder soberano toda latitude na escolha das medidas aptas para garantir o fim instituído, para proteger os direitos inalienáveis. Embora não encontremos nenhum contrato de governo, é certo que se instaura uma relação de confiança entre os dirigentes e os cidadãos[204].

Qual será a forma revestida pelo direito de resistência no pensamento de Locke? O povo conserva a liberdade de recobrar o poder soberano cuja transferência ele deliberadamente consentiu. O direito de resistência lhe outorga assim a possibilidade de dispor de novo de seu direito à legislação ou de destituir o executivo[205]. Esse direito é, em Locke, um direito de revolução conferido ao povo[206].

Na obra de Locke como na de Hobbes, o soberano é vinculado por uma obrigação natural ao respeito do fim que lhe presidiu a instituição. Mas, para Hobbes, a violação pela autoridade política da lei natural de equidade[207],

---

202. *Ibid.*, XI, pp. 138-9.
203. *Ibid.*, VII, 87; IX, pp. 128-31.
204. J. Dunn, *La Pensée politique de John Locke, op. cit.*, p. 170.
205. *Second Traité*, XIX, 222.
206. "Mas, se os atos ilegais atingiram a maioria do povo; ou se os danos e a opressão tocaram apenas a minoria, mas em circunstâncias tais que todos parecem ameaçados pelo precedente assim criado e pelas consequências; se todos estão em consciência persuadidos de que suas leis, e com elas seus bens, suas liberdades e suas vidas – e talvez até mesmo também sua religião –, estão em perigo, não vejo como se poderia impedi-los de resistir à força ilegal que é empregada contra eles" (*Second Traité*, XVIII, 209, p. 151; J.-F. Spitz, *John Locke et les fondements de la liberté moderne, op. cit.*, p. 19).
207. Quer dizer que para Hobbes o direito de resistência também poderia se fundamentar no atentado feito à equidade?

bem como do direito natural originário, torna legítimo um direito, subjetivo e individual, de resistência que só pode ser reivindicado numa situação de dissolução do Estado. O que é a prova de que, baseado no modelo do direito internacional, o soberano fica numa situação conforme àquela do estado de natureza em suas relações exteriores perante seus súditos. Se estes já não vivem no estado de natureza uns com relação aos outros, o estado civil concebido por Hobbes não consegue superar o estado de natureza nas relações entre os cidadãos e o soberano[208].

Compreende-se, assim, que, para Hobbes, o direito de resistência se impõe independentemente de qualquer consideração moral. Homens dispõem do direito de resistir uma vez que: "atêm-se a defender suas vidas, o que o culpado pode fazer do mesmo modo que o inocente"[209].

Ademais, não é possível reduzir o direito de resistência em Hobbes à sua dimensão estritamente individual, ele permanece legítimo quando está no princípio de uma ação coletiva: "No caso em que um grande número de homens juntos injustamente resistiu ao poder soberano, [...] não terão a liberdade então de se reunir e de prestar-se um ao outro defesa e assistência? Certamente o têm: pois apenas defendem suas vidas."[210]

Em compensação, se afirmam que o direito de resistência é, segundo Locke, imediatamente coletivo, é porque ele supõe uma situação de guerra entre o soberano e a maioria dos cidadãos e não uma decomposição da sociedade política[211]. Mesmo no caso hipotético em que

---

208. Essa é a objeção crucial que Locke lhe dirige (*Second Traité*, VII, pp. 91 e 90).
209. *Lév.*, XXI, p. 232.
210. *Ibid.*, pp. 231-2.
211. "Pois, enquanto a infelicidade não se generalizou, enquanto os maus desígnios dos governantes não ficaram evidentes, enquanto suas empreitadas não são sensíveis à maioria do povo, este não será muito inclinado a se agitar,

o poder legislativo renuncia a limitar os abusos do poder executivo, a destituição do governo soberano não implica a dissolução da sociedade, do vínculo social. Segundo Locke, o direito de resistência não se fundamenta em absoluto, pois, no advento de um estado de necessidade que suspende a ordem social.

No entanto, a dissolução do governo parece provocar a ressurgência de uma situação de guerra[212]. O direito de resistência provém então do estado de guerra[213] tal como pode manifestar-se não mais num estado de natureza pré-político, mas no próprio seio da sociedade civil. Esse estado de guerra é desencadeado por um tirano que abusa da "prerrogativa" inerente ao poder executivo e a transforma num "poder arbitrário de fazer o que prejudica o povo"[214]. A despeito da supremacia do poder legislativo[215], Locke não considera que se trate do derradeiro recurso diante do uso arbitrário da prerrogativa, apenas "a ameaça residual da revolução" poderá realmente limitar os abusos do poder do tirano[216]. De fato, como ele enfatiza, os súditos são frequentemente coagidos a resistir a um monarca que, além da detenção do poder executivo, participa do poder legislativo[217]. Assim, a questão do

---

porque é mais disposto a sofrer do que a restabelecer seus direitos pela resistência" (*Second Traité*, XIX, 230, p. 165).

212. *Second Traité*, XIX, 226-227, pp. 162-3. Macpherson, *La Théorie politique de l'individualisme possessif, op. cit.*, p. 264.

213. "A força, ou um desígnio aberto de recorrer à força contra esta ou aquela pessoa, quando não existe superior comum na terra a quem seja possível apelar para obter reparação, eis o que constitui o estado de guerra" (*ibid.*, III, 19, p. 16; XVIII, 205).

214. *Ibid.*, XIV, 163, p. 120. "Esse poder de agir como quiser e para o bem público, fora das prescrições da lei e às vezes até contra ela, constitui o que se chama de prerrogativa" (*ibid.*, XIV, 160, p. 118; XIV, 164 e 166).

215. *Ibid.*, XIII, 150, p. 109.

216. J. Dunn, *La Pensée politique de John Locke, op. cit.*, p. 62.

217. "Não é, pois, o poder executivo supremo que é isento de toda subordinação, mas o poder executivo supremo na medida em que pertence a uma pessoa que, por possuir também uma parte do legislativo, não tem aci-

direito de resistência se apresenta num contexto extraconstitucional, para além da possível limitação de um recurso abusivo à prerrogativa, numa situação em que surge um estado de guerra entre o conjunto dos cidadãos e o poder legislativo[218]. Independentemente dos princípios de partilha do poder estabelecidos pela "constituição original"[219], Locke se empenha, portanto, em conceber o direito de resistência num regime legítimo, dotado de uma constituição[220]. Dever-se-á então operar uma distinção entre um direito de resistência coletivo e a rebelião ilegítima dos particulares[221], na qual o rei participa quando ele se transforma em tirano?[222] Isso deixa pressagiar que uma tirania da maioria[223] dos proprietários poderá exercer-se sobre indigentes isolados aos quais se reconhece apenas uma capacidade para se rebelar[224] ou para consentir tacitamente[225]. Em contraste com a força de dissolução

---

ma dela nenhum legislativo distinto ao qual ela seria subordinada e perante o qual seria responsável, salvo quando ela própria se juntou a ele e consentiu" (*Second Traité*, XIII, 152, p. 110, e XIII, 151).

218. "Cada vez que os legisladores tentam apoderar-se da propriedade do povo ou destruí-la, cada vez que tentam reduzi-lo à escravidão impondo-lhe um poder arbitrário, eles mesmos se põem num estado de guerra com o povo; de fato, este último está a partir daí isentado de seu dever de obediência, e está livre para recorrer ao comum remédio de que Deus proveu todos os homens contra a força e a violência" (*Second Traité*, XIX, 222, p. 159; XIX, 227). Ademais, um magistrado subalterno, um juiz pode, com suas decisões, pôr-se igualmente num estado de guerra com os cidadãos (*Second Traité*, III, 20).

219. *Ibid.*, XIII, 153, p. 111.
220. J. Dunn, *La Pensée politique de John Locke, op. cit.*, p. 140.
221. *Second Traité*, XIX, 227.
222. *Ibid.*, XIX, 230-232. "A tirania é o exercício do poder para além do direito [...] ela consiste em fazer uso do poder que se tem na mão, não para o bem daqueles que lhe são sujeitos, mas para seu próprio interesse privado" (XVIII, 199, p. 145).
223. A maioria em Locke não integra necessariamente o conjunto dos cidadãos e pode não ser democrática.
224. Sobre a descrição de Locke da situação invejada do jornaleiro (*Second Traité*, V, 41).
225. Cf. Macpherson, *La Théorie politique de l'individualisme possessif, op. cit.*, pp. 272-4.

social cujo portador é o receio da morte violenta, o desejo de acumulação ilimitado conseguiria reforçar a coesão de classe. As considerações que Locke consagra ao direito de resistência indicam claramente que o objetivo é minar a repressão política que retira dos cidadãos a possibilidade de cumprir seus deveres morais, e não corrigir as desigualdades sociais. A anarquia jurídica provocada pelo recurso ao direito de resistência não desencadeia nenhuma anarquia social.

Quem deverá ser juiz do grau de opressão que justifica a resistência?[226] Esse direito de julgar é subordinado à fonte cabal da interpretação da lei natural. A lei natural que permite limitar a extensão do poder soberano coincidirá com o que é justo por natureza ou com o que é estabelecido pela vontade da maioria? Toda a dificuldade está, pois, em identificar o intérprete legítimo da lei natural: a vontade coletiva ou a razão individual.

Cada indivíduo transfere o poder de fazer executar a lei de natureza, mas não a faculdade de estabelecer-lhe o conteúdo por sua razão[227]. O foco do direito de resistência parece, pois, coincidir, para Locke, com o juízo individual: "Cada homem deve julgar por si mesmo se alguém se pôs em estado de guerra contra ele."[228] Esse di-

---

226. "Quem julgará se o príncipe ou o legislativo agem em contradição com a missão deles?" (*Second Traité*, XIX, 240, p. 174).

227. J.-F. Spitz, *John Locke et les fondements de la liberté moderne, op. cit.*; "Nenhum homem pode conferir a outro um poder (e seria em vão que Deus o faria) sobre o que ele mesmo não tem nenhum poder. Ora, que um homem não possa comandar seu próprio entendimento, nem determinar hoje com certeza qual será a sua opinião amanhã, é evidente segundo nossa experiência e segundo a natureza de nosso entendimento, que só pode perceber as coisas se elas lhe aparecem, assim como os olhos não podem ver outras cores no arco-íris além das que nele vê, quer essas cores realmente estejam nele ou não" (*Essai sur la tolérance*, citado por J. Dunn, *La Pensée politique de John Locke, op. cit.*, p. 49, nota 33).

228. *Second Traité*, XIX, 241, p. 174. "Por conseguinte, se bem que o povo não possa ser, nem deter, pela própria constituição da sociedade, um poder su-

reito de resistência individual deve ser, evidentemente, dissociado do humor belicoso de um "cérebro esquentado" ou de um "espírito turbulento"[229].

O direito natural de resistir não tira sua legitimidade principalmente do fato de que a propriedade de um indivíduo se encontra lesada, mas ele entra em vigor assim que a lei de coexistência entre as criaturas racionais mostra-se rompida[230]. O direito de resistência não é fundamentado num direito subjetivo à dissidência. O direito natural, assimilado por Locke à lei natural, coincidiria com normas morais intersubjetivas, ancoradas na finalidade da criação, que compete à razão individual de cada um clarificar. O direito natural se deduziria, pois, das relações morais que se impõem a cada homem em virtude de sua natureza e a despeito das variações de seu consentimento. O homem pode legitimamente resistir a um poder quando julga que este último visa fins diferentes daqueles que justificam sua instituição. Uma vez que é desencadeado um estado de guerra, o direito de resistência decorre da lei natural. O estado de guerra assegura, portanto, a restauração de uma moral originária, que se baseia em normas intersubjetivas. Esse estado não pode justificar, à maneira de Hobbes, um direito de resis-

---

perior de dirimir determinado diferendo e de emitir a seu respeito uma sentença executória, ele conserva, porém, nele próprio, em virtude de uma lei anterior e superior a todas as leis positivas dos homens, a faculdade de decidir por si só se estima que há um motivo legítimo de clamar ao céu; essa faculdade pertence em comum a todos os homens quando não existe recurso possível na terra" (*ibid.*, XIV, 168, p. 123). Segundo J. Dunn, essa concepção do direito de resistência encontraria, em última análise, sua origem no individualismo religioso de Locke. Existe na "consciência de cada indivíduo [...] um direito de julgar os danos causados pelos poderosos e pelos maldosos ao mundo criado por Deus" (*La Pensée politique de John Locke, op. cit.*, p. 60).

229. *Second Traité*, XIX, 230, p. 165.

230. J.-F. Spitz, *John Locke et les fondements de la liberté moderne, op. cit.*, p. 278.

tência amoral. Para Locke, o ressurgimento da primazia do direito natural de cada um não implica a volta de um estado de natureza anárquico.

Mas essa ordem de valores naturais se impõe em detrimento de outra forma do direito natural, que repousa nas relações jurídicas cujas portadoras são as relações sociais.

Não obstante, Locke não se resolve a considerar que cada homem confiou, de uma vez por todas, à maioria dos cidadãos o poder de julgar atentados que o governo inflige à lei natural? Se não existe norma do direito independente da vontade da coletividade, o risco de uma tirania da maioria parece então inevitável: "Uma vez que é necessário ao que constitui um corpo mover-se numa única direção por vez, é necessário que esse corpo se mova na direção para onde o leva a força maior, ou seja, o consentimento da maioria."[231]

Locke concederá a cada indivíduo, independentemente de qualquer posição social, a possibilidade de exercer um juízo racional, como o requer o direito à insurreição?[232] Parece que, para ele, a questão dos desvios de racionalidade não pesa realmente sobre o exercício do direito de resistência. O que prima é o juízo que homens "industriosos e racionais"[233] fazem sobre a intensidade da opressão sofrida. O exercício legítimo do direito de resistência encontra-se, portanto, subordinado ao tempo que homens industriosos podem consagrar ao estudo racional dos ensinamentos da lei natural. É importante, então, conceder igualmente, a cada categoria social, o tempo necessário para se consagrar ao estudo da lei natural.

---

231. *Second Traité*, VIII, 96, p. 71.
232. Macpherson, *La Théorie politique de l'individualisme possessif*, op. cit., pp. 245-6.
233. *Second Traité*, V, 34, p. 26.

CONCLUSÃO
O direito do estado de necessidade

Rawls

Com a obra de Rawls, a questão do direito natural, da justa repartição das honras e das riquezas, tornou-se de novo objeto, depois do longo período de ocultação que retraçamos, de um exame inovador.

Como partilhar as vantagens e os ônus que resultam da cooperação social?[1] Embora Rawls resgate a antiga questão referente à igual distribuição dos bens exteriores, ele não parece inseri-la no âmbito da justiça particular.

A cooperação social se baseia numa verdadeira "identidade de interesses", já que todos teriam acesso a uma vida melhor do que a que resultaria do exercício solitário de suas forças. Mas essa convergência dos interesses não nos previne contra toda forma de conflitos, pois cada indivíduo defende uma concepção diferente da maneira pela qual os frutos da cooperação devem ser repartidos[2]. A exigência de justiça sempre intervém no âmbito de circunstâncias precisas: "As circunstâncias da justiça são reunidas cada vez que pessoas aventam reivindicações

---

1. Rawls, *Théorie de la justice, op. cit.*, p. 31.
2. *Ibid.*, p. 159.

em conflito quanto à repartição das vantagens sociais, em situações de relativa rareza de recursos."³

Como descobrir os princípios da justiça que poderiam ser objeto de um acordo entre os cidadãos? Rawls salienta que os princípios da justiça não podem ser fundamentados a partir de princípios teológicos ou metafísicos⁴. Portanto, não existe nenhum critério independente do justo segundo o qual se poderia estimar a exatidão de um procedimento de repartição dos bens. Trata-se então de estabelecer "uma justiça processual pura"⁵. O que confere, assim, aos homens o poder de construir a organização social que combine com "os princípios que eles consentiriam como pessoas iguais"⁶.

Rawls emite, pois, a hipótese de que os homens podem ser colocados numa "posição original" que não é destinada a explicar o nascimento da sociedade política, mas a criar as condições que favorecem um acordo sobre os princípios da justiça⁷. A posição original se apresenta assim como uma perspectiva que é preciso adotar todas as vezes que se trata de se pronunciar com toda imparcialidade sobre a justiça de uma repartição⁸.

---

3. *Ibid.*, pp. 161 e 293.
4. *Ibid.*, p. 496. "Por exemplo, Locke afirma que o princípio fundamental em moral é o seguinte: se uma pessoa é criada por uma outra (no sentido teológico), então ela tem o dever de obedecer aos preceitos de seu criador" (*ibid.*, p. 164).
5. "A justiça processual pura se exerce quando não há critério independente para determinar o resultado correto; em vez disso, é um procedimento correto ou equitativo que determina se um resultado é correto e equitativo, seja qual for o conteúdo contanto que o procedimento tenha sido corretamente aplicado" (*ibid.*, p. 118).
6. *Ibid.*, p. 589. "Assim, a teoria da justiça como equidade é capaz de utilizar a ideia de justiça processual pura já no início" (*ibid.*, p. 153). Cf. M. Sandel, *Le Libéralisme et les limites de la justice, op. cit.*, p. 258.
7. *Ibid.*, p. 37.
8. R. Sève, "John Rawls et la philosophie politique", *Individu et Justice sociale*, Paris, Le Seuil, 1988, p. 26. Cf. *Théorie de la justice, op. cit.*, p. 513.

Os homens são concebidos como pessoas "livres e racionais, desejosas de favorecer seus próprios interesses e postas numa posição inicial de igualdade", conforme à equidade[9]. A fim de que se possa inferir os princípios da justiça, essa "posição original" impõe aos indivíduos um "véu de ignorância": "Ninguém conhece seu lugar na sociedade, sua posição de classe ou seu estatuto social, tampouco ninguém conhece o fado que lhe é reservado na repartição das capacidades e dos dons naturais, por exemplo, a inteligência, a força etc."[10] Mas esse "véu de ignorância" não remete cada homem a um estado natural de embrutecimento. Se esse estado exclui todo conhecimento particular do lugar de cada um na sociedade, bem como do projeto de vida perseguido, ele supõe, porém, "um conhecimento geral da sociedade humana", que abrange "as teorias econômicas" e "as leis da psicologia humana"[11], todas elas informações necessárias para que cada um possa identificar os princípios da justiça. Essa concepção depurada do estado de natureza visa, pois, suspender o impacto dos valores morais ou das posições sociais para discernir os princípios da justiça.

Rawls chega, assim, a uma concepção crucial da igualdade, segundo a qual os indivíduos, a título de "sujeitos morais"[12], gozam de uma igual condição, "independentemente de sua posição social"[13]. A suspensão das relações sociais será então a condição da emergência de uma au-

---

9. *Ibid.*, p. 37.
10. *Ibid.*, pp. 38, 45, 560.
11. *Ibid.*, p. 169.
12. Um sujeito moral é um ser racional animado por um sistema de fins, por um projeto racional de vida, e dotado de um senso da justiça (*ibid.*, p. 38). Como vimos, segundo Suarez, a questão do direito supõe igualmente a referência a um ser moral, capaz de submeter sua liberdade a uma lei. Sobre a noção de "personalidade moral", *ibid.*, pp. 602, 604.
13. *Ibid.*, p. 549.

têntica concepção da igualdade? Segundo Rawls, toda relação social parece potencialmente não igualitária porquanto é subordinada aos estatutos sociais assim como aos trunfos naturais. No âmbito da justiça distributiva particular, Tomás de Aquino parecia, de fato, proporcionar a repartição dos bens públicos ao "lugar preponderante" ocupado por cada um na sociedade. Como vimos, a igualdade inerente à justiça particular não parece fundamentada numa reciprocidade que suspenderia as posições sociais preponderantes.

É a partir dos "bens primeiros" que os homens desejam na posição original que se consegue descobrir os princípios da justiça[14]. Esses "bens primeiros" (*primary goods*) correspondem ao que se reputa que todo homem racional deseja, coincidem com "as condições prévias para a realização de seus projetos de vida"[15]. São eles: "Os direitos, as liberdades e as possibilidades oferecidas ao indivíduo, as rendas e a riqueza", assim como "o respeito de si mesmo"[16]. Cada parceiro se refere, portanto, a um interesse comum, já que os bens primeiros definem os elementos comuns ao conjunto dos projetos de vida[17].

Mas esse interesse, compartilhado por todos, pelos "bens sociais primeiros", não provém, contudo, da organização econômica de uma sociedade, capaz de modelar

---

14. *Ibid.*, pp. 438, 473.
15. *Ibid.*, p. 438.
16. *Ibid.*, pp. 93, 123. O respeito de si mesmo é definido como "a confiança no senso de seu próprio valor" (p. 438). "Fica claro que é racional para os homens garantir o respeito de si mesmos. O senso de seu próprio valor é necessário se devem seguir suas concepções do bem com satisfação e ter prazer em sua realização. O respeito de si mesmo não é tanto uma parte de um projeto racional de vida quanto o sentimento de que esse plano vale a pena ser realizado" (*ibid.*, pp. 209, 479-80). Rawls acabará fundamentando a estima de si mesmo na detenção de liberdades políticas de igual valor e não apenas no gozo de vantagens econômicas e sociais (*ibid.*, pp. 587-8).
17. *Ibid.*, p. 290; M. Sandel, *Le Libéralisme et les limites de la justice*, op. cit., p. 55.

os desejos dos parceiros[18]. Assim também, a concepção rawlsiana da justiça supõe um homem racional, mas indiferente aos fins que ele poderia se propor, livre para revisá-los a qualquer momento[19]. Segundo a inspiração kantiana, a dignidade do homem é subordinada ao seu estatuto de legislador, capaz de se submeter aos princípios que ele mesmo se atribuiu. A teoria da justiça se opõe, portanto, ao ideal perfeccionista que se baseia na doutrina da teleologia natural, que postula a existência de fins imanentes à natureza humana. Isso quer dizer que o postulado, já vislumbrado por Ockham, da indiferença do homem para com pretensos fins naturais constitui a premissa dos princípios da justiça? Segundo Rawls, é inconcebível que uma sociedade justa possa avaliar os diferentes projetos de vida que os cidadãos se determinam, é preciso simplesmente reunir as condições elementares para que cada indivíduo consiga elaborar um projeto de vida digno de ser realizado, mesmo que os cidadãos já não compartilhem projetos de vida comuns[20]. Se o direito se deduzisse de valores compartilhados, da pregnância de finalidades coletivas, a exigência de justiça poderia ameaçar a dignidade do homem, sua capacidade para escolher livremente seus próprios valores[21].

Uma vez que os parceiros postos na posição original procuram, obnubilados pelo véu da ignorância, a obtenção desses bens primeiros, eles entrarão em acordo para

---

18. *Ibid.*, pp. 300-1.
19. *Ibid.*, pp. 183, 585, 596; "O eu é primeiro com relação aos fins que ele defende" (*ibid.*, p. 601). Nenhum valor compromete minha identidade, cf. M. Sandel, *Le Libéralisme et les limites de la justice, op. cit.*, p. 104.
20. M. Sandel considera que Rawls defende uma concepção liberal da pessoa: "Minha dignidade não reside nos papéis sociais que ocupo, mas em minha capacidade para escolher por mim mesmo meus papéis e minhas identidades" (*Le Libéralisme et les limites de la justice, op. cit.*, pp. 18, 46).
21. *Ibid.*, p. 270.

reconhecer a preeminência de um primeiro princípio da justiça que garanta a todos "a liberdade de adotar uma concepção do bem"[22]: "Cada pessoa deve ter um direito igual ao sistema mais extenso de liberdades básicas iguais para todos que seja compatível com o mesmo sistema para os outros."[23] A condição de equidade que prevalece no seio da posição original leva os parceiros a conceber a igualdade sob a forma da reciprocidade[24]. A "simetria dos parceiros" implica necessariamente a admissão de um "princípio de justiça que exige uma repartição igual para todos"[25]. O primeiro princípio de justiça supõe, portanto, uma repartição dos direitos subjetivos segundo o princípio de reciprocidade[26]. Segundo a perspectiva já defendida por Hobbes, a equidade se mostra o princípio da justiça.

Os parceiros decidem, assim, garantir a cada um deles a igualdade das "liberdades básicas", como possibilidades de ter acesso a posições sociais[27]. Rawls estabelece

---

22. *Théorie de la justice, op. cit.*, p. 290.
23. *Ibid.*, p. 91. "Uma liberdade básica dependente do primeiro princípio só pode ser limitada em nome da própria liberdade, ou seja, somente para garantir que a mesma liberdade básica ou uma outra seja corretamente protegida e para ajustar o sistema único das liberdades da melhor maneira" (*ibid.*, pp. 239, 95, 280). Sobre a definição kantiana do direito como relação de coexistência entre liberdades segundo uma lei universal, cf. *Doctrine du droit*, introd. § B, Paris, GF, 1994, pp. 16-7.
24. A expressão "justiça como equidade [...] transmite a ideia de que os princípios da justiça são oriundos de um acordo fechado numa situação inicial, ela mesma equitativa. Mas essa expressão não significa que os conceitos de justiça e de equidade sejam idênticos" (*Théorie de la justice, op. cit.*, p. 39). "Como todos têm uma situação comparável e como ninguém pode formular princípios que favoreçam sua condição particular, os princípios da justiça são o resultado de um acordo ou de uma negociação equitativas (*fair*)" (*ibid.*, p. 38).
25. *Ibid.*, p. 182.
26. "A teoria do justo e da justiça é fundamentada na noção de reciprocidade que reconcilia o ponto de vista do eu e o do outro, como pessoas morais iguais" (*ibid.*, p. 524).
27. Sobre o significado dessa prioridade, cf. *Théorie de la justice, op. cit.*, pp. 183, 585.

uma lista dessas "liberdades básicas": "As liberdades políticas (direito de voto e de ocupar um emprego público), a liberdade de expressão, de reunião, a liberdade de pensamento e de consciência; a liberdade da pessoa, que engloba a proteção contra a opressão psicológica e a agressão física (integridade da pessoa); o direito de propriedade pessoal e a proteção contra a detenção e a prisão arbitrárias."[28]

Ora, Rawls afirma que esses direitos subjetivos, que devem ser objeto de uma distribuição igual, podem ser concebidos como direitos naturais. Mesmo que esses direitos não sejam considerados fora de toda perspectiva histórica, uma vez que o reconhecimento deles supõe que seja abandonada "a crença numa ordem natural fixa que sanciona uma sociedade hierarquizada"[29]. Se bem que essas reivindicações sejam objeto de um acordo no seio da posição original, elas são estabelecidas "independentemente das concepções sociais e das normas legais"[30]. Mas o reconhecimento do caráter natural desses direitos implica sobretudo que usufruam um estatuto preeminente, que lhes proscreve o sacrifício em nome "de outros valores"[31]. Disso Rawls conclui, assim, que a repartição dos bens primeiros, que não dependem da categoria das "liberdades básicas", como as riquezas e as posições de autoridade, não deve de modo algum aten-

---

28. *Ibid.*, p. 92.
29. *Ibid.*, p. 590. "Devemos admitir que, uma vez que as crenças estabelecidas mudam, é possível que os princípios da justiça que parece racional aceitar possam igualmente mudar" (*ibid.*). Certas crenças podem levar a pensar que "a estrutura básica já está determinada e só pode ser afetada pelos seres humanos. Segundo essa doutrina, é, portanto, uma concepção errônea do lugar dos homens no mundo que leva a supor que a ordem social deveria combinar com princípios que eles consentiriam como pessoas iguais" (*ibid.*, p. 589).
30. *Ibid.*, p. 555, nota 30.
31. *Ibid.*

tar contra o princípio da liberdade igual para todos. A erosão desses direitos subjetivos primordiais não pode ser compensada por "vantagens sociais e econômicas maiores"[32].

Os parceiros admitem, portanto, de concerto, a existência de um segundo princípio de justiça que se acha estreitamente subordinado ao primeiro. A distribuição das honras e das riquezas não se efetuará segundo uma estrita igualdade aritmética. Estando adquirido o igual gozo das "liberdades básicas", "deve ser razoável para cada indivíduo [...] preferir para si mesmo um futuro que comporte desigualdades a um futuro sem elas"[33]. Não obstante, a aversão comum ao risco, compartilhada por todos os parceiros, leva-os a "conceder mais peso à situação daqueles que são os mais desfavorecidos"[34]. O segundo princípio da justiça se apresenta, pois, sob a seguinte forma: "As desigualdades sociais e econômicas devem ser organizadas de modo que, a um só tempo, elas tragam aos mais prejudicados as melhores perspectivas e elas sejam vinculadas a funções e a posições abertas para todos, em conformidade com a justa igualdade das oportunidades."[35] Portanto, é importante que as desigualdades econômicas e sociais favoreçam o bem-estar dos mais carentes[36]. Mesmo que, como salienta Rawls,

---

32. *Ibid.*, p. 92; "a repartição da riqueza e das rendas assim como as posições de autoridade e de responsabilidade devem ser compatíveis tanto com as liberdades básicas como com a igualdade das oportunidades" (*ibid.*, p. 93).

33. *Ibid.*, p. 96.

34. *Ibid.*, p. 197.

35. *Ibid.*, p. 115; "supõe-se que as maiores expectativas permitidas aos empreendedores os encorajam a fazer coisas que aumentam as perspectivas da classe laboriosa. Suas perspectivas melhores agem como motivações e, assim, o processo econômico é mais eficaz, a inovação avança mais depressa, e assim por diante" (*ibid.*, p. 109).

36. "A prioridade da justa igualdade das oportunidades, segundo o mesmo modelo que a prioridade da liberdade, significa que devemos nos concentrar nas oportunidades dadas àqueles que as têm menos" (*ibid.*, p. 340).

toda a dificuldade consiste em estabelecer uma definição exata desse grupo social, desfavorecido no plano dos trunfos naturais bem como das posições sociais que disso resultam[37].

Torna-se então evidente que é em nome de uma concepção, ela mesma restritiva da distribuição das honras e das riquezas, regida pela consideração do interesse dos mais carentes, que Rawls estabelece a prioridade do primeiro princípio, da repartição recíproca das "liberdades básicas". Tal como é concebido por Rawls, o princípio de diferença não concerne à justiça particular, mas à justiça geral, uma vez que a repartição desigual das honras e das riquezas deve combinar com o bem ou o interesse comuns dos rejeitados. Apesar das advertências de Rawls acerca de toda concepção teleológica da justiça[38], o princípio de diferença parece subordinar a repartição dos bens exteriores à consideração de um fim superior: o bem-estar dos mais carentes. O princípio de diferença se impõe, portanto, em virtude de considerações morais que parecem restabelecer a prioridade do bem sobre o justo. Se a repartição dos bens decorre da "loteria natural", da atribuição aleatória dos dons e das capacidades, esse resultado é então "arbitrário de um ponto de vista moral"[39]. Esse princípio repousa na ideia de que os trunfos naturais não pertencem aos indivíduos, mas à comunidade em seu conjunto[40], encarregada de utilizá-los da melhor maneira para aumentar o bem-estar dos desfavorecidos. Essa concepção de um pertencimento comum

---

37. *Ibid.*, p. 70.
38. *Ibid.*, pp. 50-1. Até que ponto os carentes merecem um tratamento de favor? (*Ibid.*, pp. 348-9.)
39. *Ibid.*, p. 104.
40. *Ibid.*, p. 132; cf. M. Sandel, *Le Libéralisme et les limites de la justice*, op. cit., pp. 115, 150.

dos talentos naturais pode, evidentemente, ameaçar a integridade dos direitos individuais[41].

A distribuição dos bens é, portanto, limitada por um princípio exterior, relativo à justiça geral, ao termo do qual os indivíduos podem ficar lesados em seus direitos. A dimensão teleológica que afeta o princípio de diferença leva, evidentemente, Rawls a submetê-lo estritamente ao princípio da repartição igual das "liberdades básicas", a fim de desativar seu aspecto totalitário. O princípio de justiça particular, que permite atribuir a cada um seu direito de acordo com diferentes formas de igualdade imanentes às relações sociais, parece ocultado na obra de Rawls. A distribuição dos direitos subjetivos, das "liberdades básicas", efetua-se segundo a forma da reciprocidade, conquistada pela posição original. Ao passo que a repartição desigual das honras e das riquezas se acha subordinada ao bem-estar dos mais carentes. Seja qual for a situação hipotética, o objeto da justiça particular – a igualdade imanente às relações sociais – esvai-se.

Rawls não deixa, de fato, de levantar a questão espinhosa relativa ao "valor da liberdade" assim atribuída. "A liberdade na medida em que igual para todos é a mesma para todos. [...] Mas o valor da liberdade não é o mesmo para todos. Alguns têm mais autoridade e fortuna e, portanto, meios mais importantes para levar a cabo seus objetivos."[42] Assim, "o valor da liberdade" é relativo às condições econômicas e sociais que são fixadas pelo segundo princípio de justiça, mas que poderiam ser subordinadas à justiça particular. Isso que pode apresentar-se como uma dificuldade na obra de Rawls, ligada à decomposição da prioridade do primeiro princípio, mani-

---

41. *Ibid.*, p. 207.
42. *Théorie de la justice, op. cit.*, p. 240.

festa, ao contrário, toda a fecundidade do princípio da justiça particular. A liberdade pode tornar-se objeto da justiça particular sem sofrer a menor alteração ou atentado proveniente da justiça geral, já que sempre é em função de uma distribuição igual dos bens públicos que todos recebem uma liberdade de agir efetiva. Mas, segundo Rawls, "o valor menor da liberdade é, porém, compensado; com efeito, a capacidade dos menos desfavorecidos para levar a cabo seus objetivos diminuiria ainda mais se eles não aceitassem as desigualdades existentes [...]"[43].

Não obstante, Rawls levanta a questão decisiva que incide sobre a possibilidade do exercício de um direito de resistência num regime legítimo[44]. Quando os princípios da justiça que estão no fundamento de uma livre cooperação entre os sujeitos são violados, é preciso então "apelar ao senso da justiça da maioria"[45].

A justiça particular

A análise da justiça particular permitiu-nos exumar uma nova concepção do mérito, do que é devido a cada um. O que é devido, o que constitui o objeto próprio de

---

43. *Ibid.*
44. *Ibid.*, p. 403; "a teoria da desobediência civil completa a concepção puramente legal da democracia constitucional. Ela tenta formular as condições nas quais podemos contestar uma autoridade democrática legítima de uma forma que, mesmo sendo claramente contrária à lei, exprime não obstante uma fidelidade a essa lei e invoca os princípios políticos fundamentais de um regime democrático" (*ibid.*, p. 425).
45. *Ibid.*, p. 422. "A desobediência civil pode, acima de tudo, ser definida como um ato público, não violento, decidido em consciência, mas político, contrário à lei e o mais das vezes realizado para trazer uma mudança na lei ou então na política do governo. Agindo assim, dirige-se ao senso da justiça da maioria da comunidade e declara-se que, segundo sua opinião maduramente refletida, os princípios da cooperação social entre seres livres e iguais não são respeitados" (*ibid.*, p. 405).

uma obrigação jurídica, não é consequência de um modelo de humanidade, nem resulta de uma transferência de direito, mas provém de uma forma de igualdade imanente às relações sociais[46]. Como observamos, a justiça de uma relação social é irredutível ao consentimento das partes[47]. Não basta que um trabalhador empobrecido consinta em ratificar as cláusulas de seu contrato de trabalho para que a relação que ele mantém com o empregador se torne justa[48]. A justiça de um contrato de trabalho não procede unicamente do respeito pelas duas partes do compromisso subscrito, mas também da relação objetiva, da igualdade aritmética entre a parte das riquezas produzidas e o salário pago. A despeito da análise proposta por Rawls, a descoberta da justiça não supõe a suspensão das relações sociais, uma relação social não é irremediavelmente não igualitária em razão da persistência inelutável de posições dominantes. A igualdade imanente a cada relação social envolve, ao contrário, as flutuações do consentimento que podem, só elas, traduzir o impacto das relações de dominação.

Mas a justiça comutativa não pode realmente exercer-se a partir de uma repartição desigual legada, ela supõe, previamente, a intervenção de uma distribuição justa dos bens públicos. Somente o recurso a essa justiça distributiva permite paliar a persistência de desigualdades na ordem das trocas econômicas.

---

46. Kelsen não deixa, de fato, de refutar essa tese. Uma relação de direito só pode deduzir-se da imposição de uma norma, nenhuma relação de igualdade pode ser imanente a uma ordem social (*Théorie pure de droit, op. cit.*, IV, 32, p. 169; V, 34, p. 223).

47. M. Villey, *La Formation de la pensée juridique moderne, op. cit.*, pp. 467-9.

48. "Pode acontecer que alguém cometa algo realmente injusto sem querer, quando ele [...] suporta voluntariamente a injustiça, por exemplo se dá voluntariamente a alguém mais do que lhe deve" (*Somme théologique*, II-II, 59, 3, resp.).

Como apreender uma justiça particular distributiva? Ela incide sobre bens públicos que devem ser objeto de uma repartição igual na sociedade: educação, formação contínua, saúde, habitação, transporte, instrumentos de comunicação. Como definir esse bem público? É um bem que, ao termo de uma decisão política, mostra-se devido pela coletividade a cada um. Desse ponto de vista, a partilha dos bens públicos não pode obedecer à simples lógica das trocas econômicas.

Como estabelecer uma distribuição dos bens públicos no âmbito da justiça particular? A igualdade proporcional conseguirá manter uma igualdade real das possibilidades entre os indivíduos?[49] As desigualdades autorizadas pelo princípio da proporção permitirão dar mais àqueles que têm menos? Sem conter as desigualdades sociais com a ajuda de uma atenção particular ao bem-estar dos mais carentes, que poderia se impor sob a forma de uma injunção emanante de uma lei natural, é importante proporcionar a distribuição dos bens públicos às diferentes carências que afetam os indivíduos. A concepção clássica da justiça distributiva, desvinculada de qualquer teleologia natural, consegue, por uma espantosa reviravolta, impor-se como fonte de certas formas de repartição não igualitária que se classificou sob a denominação de "discriminação positiva".

Apenas as relações sociais corrigidas pelas diferentes formas de igualdade que lhes são imanentes asseguram o gozo recíproco de direitos subjetivos de igual valor. Como vimos, parece inconcebível atribuir aos homens direitos independentemente das relações sociais em cujo seio se inserem. É unicamente com referência à parte dos bens exteriores que se outorga a cada um con-

---

[49]. Rawls, *Théorie de la justice, op. cit.*, p. 550.

forme justas relações, que se pode identificar direitos individuais de igual valor.

Refira-se a uma igualdade proporcional ou aritmética, uma norma de justiça se impõe, distinta tanto das leis positivas como dos acordos contratuais ou das convenções coletivas. Conceber o direito do indivíduo como uma relação vinculada pela igualdade nos previne contra dois escolhos: subordinar o conjunto das relações sociais à proteção do bem e do interesse comuns, ou então fazer de cada indivíduo o criador de seus direitos pela liberdade ilusória de seu consentimento. Essas duas formas de igualdade, inerentes ao direito natural, podem encontrar-se no princípio da legislação positiva, ou, caso contrário, justificar o direito de resistência num regime legítimo[50]. Nesse sentido, o direito de resistência não proviria de um direito subjetivo inalienável. Mas decorre da suspensão, pelas leis positivas, garantes do bem ou do interesse comuns, do que é devido ao indivíduo no âmbito da justiça particular. O ofício do juiz é, então, prestar-se a essa forma de resistência, encarnar essa "justiça viva".

É no seio de circunstâncias precisas, quando sobrevém um conflito entre as exigências do bem ou do interesse comuns, defendidas por determinada sociedade, e os direitos individuais, ou então quando a lógica das trocas econômicas já não está apoiada numa repartição justa dos bens públicos, que se manifesta um estado de necessidade. O estado de necessidade se dis-

---

50. "Para justificar a desobediência civil, não se invocam os princípios da moralidade pessoal ou as doutrinas religiosas, mesmo que eles possam coincidir com as reivindicações e as sustentar; e é óbvio que a desobediência civil não pode ser fundamentada somente nos interesses de grupo ou nos de um indivíduo. Ao contrário, recorre-se à concepção comum da justiça que embasa a ordem política" (*ibid.*, p. 406).

tingue a um só tempo do estado de natureza e da "posição original". Somente esse estado de necessidade consegue revelar a verdadeira forma do direito natural. O estado dito "de necessidade" não é, portanto, um estado de exceção, uma vez que reconduz apenas à preexcelência do direito natural, restaura relações sociais vinculadas pela igualdade.

Assim, o princípio de um regime republicano que toma os sujeitos como iguais em direitos poderia restringir o recurso a uma discriminação positiva, à vocação econômica, e, portanto, lesar os particulares em seus direitos. Caberia, então, ao ofício do juiz exercer seu poder criador, restaurar uma relação de igualdade à qual o legislador, apegado ao bem comum, faz obstáculo. O estado de necessidade não nos reconduz, pois, a uma moral original, mas restaura uma justiça distributiva fundamental. Nesse sentido, a prioridade do justo sobre toda concepção particular do bem, sobre todo modelo da natureza humana, pode ser mantida. Sem contudo considerar, como nos convida o liberalismo, que o definhamento dos projetos de vida comuns constitui a condição de uma autêntica concepção da justiça.

Permanece a questão: o melhor regime será aquele que favorece a atualização dos fins da natureza humana, aquele que protege os direitos subjetivos, ou então aquele que consegue restaurar as relações de igualdade imanentes às relações sociais? O melhor regime deve ser, na realidade, dotado de um poder soberano capaz de integrar o direito que emana do estado de necessidade. Não se trataria somente, segundo a análise proposta por Bodin, de suspender as leis positivas quando elas se chocam com os preceitos da lei natural, mas de derrogar a lei vigente assim que ela oculte o direito natural, as relações sociais vinculadas pela igualdade.

Não obstante, a justiça particular, a despeito de suas variações, poderá igualmente intervir num âmbito internacional? Como conceber uma relação de igualdade imanente a uma relação internacional? A manifestação dessa relação de igualdade estará ligada à irrupção de um estado de necessidade nas relações internacionais? Essa metamorfose do estado de necessidade intervém, na maioria dos casos, quando surge um conflito entre a defesa, por um Estado soberano, do interesse nacional e a reivindicação da salvaguarda dos direitos individuais. Nessa hipótese assistiremos então à restauração de uma moral original, ao ressurgimento do direito ilimitado dos Estados ou, então, à persistência de certo tipo de regras jurídicas que justificam o direito de ingerência?

Desse ponto de vista, é impressionante constatar que Tomás de Aquino hesita em estabelecer o direito das gentes a partir apenas dos preceitos da lei natural. Como uma ordem de valores, pretensamente transcendentes, poderá ser objeto do reconhecimento unânime das nações? Parece arriscado fundamentar as relações entre Estados soberanos numa moral internacional, na universalidade de uma lei natural, passível de variações.

Segundo Suarez e Grócio, o direito das gentes só pôde constituir as premissas do direito internacional separando-se da lei natural bem como do direito natural. Segundo Suarez, o direito das gentes "constitui um direito que todos os povos e as diferentes nações devem observar em suas relações mútuas"[51]. Mas, enquanto os preceitos da lei natural revestem uma necessidade intrínseca, o direito das gentes resulta do que os Estados esti-

---

51. *De legibus*, II, XIX, p. 626. Suarez distingue esse direito das gentes autêntico do "direito que cada um dos Estados ou reinos observa no interior de seu território, mas que é chamado de direito das gentes por causa de sua semelhança e de sua concordância com os outros direitos" (*ibid.*)

mam útil estabelecer no tocante às relações que eles mantêm[52]. Assim, cada Estado detém o poder de exigir reparação das injustiças de que é vítima da parte de outro Estado, sem que isso seja imposto unicamente pela autoridade da razão natural[53].

Fiel à distinção estabelecida por Suarez, Grócio integra o direito das gentes entre as formas jurídicas estabelecidas pela vontade humana. "Quando vemos que uma coisa não pode ser deduzida de princípios certos por um raciocínio justo, e que, entretanto, ela parece ser observada todo o tempo e em todos os lugares, segue-se daí que ela deve ter origem na vontade livre dos homens."[54] O direito das gentes, que se dissocia da lei natural[55], compartilhará, portanto, com o direito civil a qualidade de um direito positivo.

Se os preceitos do direito das gentes se enraízam no consentimento das nações, eles dependerão necessariamente da justiça comutativa tal como é concebida por Grócio[56]. Os direitos e as obrigações atribuídas a cada Estado, a fim de garantir "a sociedade mútua das nações"[57],

---

52. "O direito das gentes não prescreve nada que seja por si necessário à honestidade de sua conduta, e não proíbe nada que seja por si e intrinsecamente mau, quer absolutamente, quer supondo situações determinadas e condições próprias das coisas; tudo isso pertence ao direito natural" (*De legibus*, II, 17, 9, p. 606).
53. "Não era indispensável pela simples força da razão natural que esse poder fosse função do Estado ofendido. Com efeito, os homens poderiam ter estabelecido outro sistema de sanções, ou confiado esse poder a um terceiro soberano na qualidade de árbitro com um poder de coagir" (*De legibus*, II, 19, 8, p. 626).
54. *DGP*, Prolégomènes, XL, p. 22.
55. O direito das gentes e o direito civil tiram, porém, sua força do direito natural, no sentido de que repousam na obrigação imposta pelo consentimento.
56. "Certas leis nasceram quer entre todos os Estados, quer entre a maioria deles, em virtude do consentimento deles" (*DGP*, Prolégomènes, XVII, p. 14).
57. *DGP*, II, VIII, II, p. 285.

dependerão do que as nações estimam ser conforme à utilidade comum. Se compete a cada Estado respeitar as convenções internacionais, não será, pois, em virtude de uma relação jurídica imanente, mas de uma simples transferência do direito soberano consentida a uma instância exterior tendo em vista a utilidade comum. As obrigações do direito das gentes tiram sua legitimidade não de seu conteúdo intrínseco, mas da convenção que lhes presidiu a instituição.

Não obstante, não é porque o direito das gentes deve romper com a aspiração a uma ordem de valores universais que ele não pode enraizar-se no direito natural. O direito das gentes deduzido por Tomás de Aquino a partir das variações do direito natural poderia, então, contribuir para a reformulação do direito internacional[58]. Um direito de ingerência poderia alicerçar-se no direito das gentes, mais além da invocação da transcendência de uma ordem de valores ou da referência a um acordo multilateral entre potências soberanas, ainda que situadas numa posição de igualdade original[59].

Antes mesmo de qualquer tentativa com o fito de assegurar uma proteção internacional dos direitos humanos, uma vez que o Estado soberano falhou em sua missão de salvaguarda dos direitos naturais do indivíduo, o direito das gentes poderia impor-se por sua imanência às relações internacionais. Em vez de proteger com a ajuda de uma instância internacional dos direitos subjetivos de valor desigual, tratar-se-ia de estender a esfera dos direitos do indivíduo graças à consideração de

---

58. "Porque a razão natural dita o que pertence ao direito das gentes como realizando o mais possível a igualdade, essas coisas não têm necessidade de uma instituição especial; é a própria razão natural que as estabelece. [...]" (*Somme théologique*, II-II, 57, 3, sol. 3).

59. Rawls, *Théorie de la justice, op. cit.*, pp. 417-8.

novas formas de obrigações jurídicas. As obrigações jurídicas que unem os indivíduos emanariam então das diferentes formas de igualdade imanentes às relações internacionais.

A existência de uma justiça distributiva particular com vocação internacional será concebível? Se uma potência soberana pode integrar o estado de necessidade ao suspender as leis positivas, qual será a instância que poderia assumir esse estado na escala internacional? Tratar-se-ia de reconhecer a existência de bens públicos internacionais, que são invariavelmente devidos a todos, sejam quais forem as decisões soberanas que se aplicam em determinado território.

Assim também, no plano da justiça comutativa, os funcionários de uma sociedade transnacional poderiam libertar-se da organização do trabalho à qual são sujeitos relativamente ao valor dos bens produzidos no país ao qual são destinados. Nessa perspectiva, a justa remuneração ficaria subordinada à consideração de uma relação salarial, não mais nacional, mas internacional.

Ademais, os cidadãos de diversas nacionalidades parecem poder ficar ligados por uma relação que prima sobre as convenções às quais os Estados soberanos puderam consentir. É importante, então, conceber, por exemplo, a existência de uma justiça comutativa penal encarregada de reparar os danos infligidos em escala internacional.

A invocação de um estado de necessidade, que restaura formas de igualdade imanente, permitiria então superar as crises internacionais antes que se imponha o estado de exceção.

GLOSSÁRIO

Lei natural

A lei natural provém do exercício da providência divina no mundo, mas nem por isso ela deve ser assimilada a uma lei divina positiva, proclamada pela vontade de Deus ("não matarás, amarás teu próximo como a ti mesmo").

Deus implantou no coração dos homens regras de ação cujo valor de obrigação é subordinado, segundo as doutrinas filosóficas, a um mandamento divino ou apenas à racionalidade da máxima de ação ("não faças aos outros o que não queres que façam a ti mesmo").

A doutrina da lei natural permite, portanto, estabelecer a primazia de uma ordem de valores morais que constitui o critério da justiça das leis positivas, ou do melhor regime político.

Direito natural

Mesmo que o direito natural possa ter sido concebido como um sistema de leis naturais, convém defini-lo independentemente de qualquer referência a uma ordem de valores morais. Segundo sua acepção original, o direito é uma relação vinculada pela igualdade. O direito se apresenta então como natural se ele revela a existência de relações de igualdade imanentes às relações sociais. Essas relações de igualdade vinculam as ações humanas, constituem a fonte da obrigação jurídica. A preeminência do direito natural pode, então, ser invocada antes mesmo de qualquer recurso ao consentimento das partes, ou à estrita preservação do bem ou do interesse comuns.

Nessa perspectiva, o advento de um direito natural subjetivo, de um poder ou de uma liberdade deduzido da simples natureza do sujeito, independentemente de qualquer relação de igualdade, constitui uma ruptura capital. A dedução de direitos naturais, subjetivos e originais, inaugura, assim, a tradição dos direitos do homem (direito à segurança e à propriedade).

Mas, na medida em que o direito é concebido como uma relação social vinculada pela igualdade, o direito subjetivo não pode ser natural, sempre deriva de uma obrigação jurídica; apenas a exigência de uma distribuição igual das honras e das riquezas concede aos indivíduos poderes dos quais não podem ser privados.

O estado de necessidade

O estado de necessidade não deve ser confundido com o estado de natureza. Este visa deixar à parte a sociedade política para identificar os direitos que podemos deduzir da natureza do homem. O estado de necessidade tampouco deve ser associado ao estado de exceção que aboliria a ordem do direito.

O estado de necessidade se manifesta quando leis positivas, ciosas do bem ou do interesse comuns, revelam-se fonte de desigualdades para os particulares. Esse estado não favorece, portanto, a ressurgência de uma moral original inspirada pelas virtudes da caridade e da solidariedade, mas consegue restaurar a preexcelência do direito natural; ele restabelece, assim, a possibilidade de um direito de resistência num regime legítimo.

Justiça geral e legal; justiça particular

A justiça é concebida como geral uma vez que submete as virtudes individuais (coragem, temperança) à exigência do bem comum; quando essa nova orientação é obra da lei civil, ela pode ser denominada justiça legal. Ao passo que a justiça particular rege a relação entre os homens a partir da partilha dos bens exteriores. Essa forma de justiça visa repartir as honras e as riquezas conforme o que é devido a cada indivíduo. A justiça geral e a justiça particular podem, portanto, entrar em conflito se uma decisão política ciosa do bem comum atenta contra os direitos do indivíduo.

Não obstante, a justiça geral e a justiça particular podem proceder, ambas, à distribuição dos bens públicos ou à regulamentação das trocas entre os sujeitos. Quando elas instauram uma justiça distributiva, recorrem à igualdade proporcional, que organiza a repartição dos bens de acordo com a qualidade das pessoas; se elas se desenvolvem segundo uma forma comutativa (de *commutatio*: troca), elas se prendem então à igualdade aritmética, à identidade entre o que é dado e recebido.

No entanto, na ordem da justiça particular, em que já não importa participar do bem comum, mas atribuir a cada um o que lhe é devido, as diferentes formas de igualdade buscadas, longe de ameaçar a liberdade individual reportando-a a um modelo geral da natureza humana, se mostram a base da emancipação do indivíduo com relação à coerção legal. A simples justiça geral, que supõe que nos unamos aos outros pela mediação do bem comum, pode contribuir para lesar os indivíduos em seus direitos.

Cromosete
Gráfica e editora ltda.
Impressão e acabamento
Rua Uhland, 307
Vila Ema-Cep 03283-000
São Paulo - SP
Tel/Fax: 011 2154-1176
adm@cromosete.com.br